Ernest Gellner   Nationalismus

Ernest Gellner

Nationalismus

Kultur und Macht

Aus dem Englischen
von Markus P. Schupfner

Büchergilde Gutenberg

Inhalt

Vorwort

Im Sommer 1995, nur zwei Monate vor seinem Tod, arbeitete mein Vater an zwei Büchern. Eines davon halten Sie gerade in Ihren Händen; die letzte Fassung trägt das Datum vom 25. August 1995. Das andere wird unter dem Titel *Language and Solitude: Wittgenstein, Malinowski and the Habsburg Dilemma* erscheinen. Eines der beiden, nämlich *Nationalismus* war nahezu fertiggestellt; nur einige fehlende Zitate und Textbelege mußten noch hinzugefügt, verschiedene Tippfehler verbessert und einige wenige Textstellen stilistisch überarbeitet werden.

Die früheste Fassung der Nationalismustheorie meines Vaters erschien als siebtes Kapitel in dem Buch *Thought and Change* (London 1964). Wie er dort vermerkte, hatte ihn eine Begegnung mit Elie Kedourie, einem seiner Kollegen an der London School of Economics und speziell dessen Werk *Nationalism* (1960) dazu angeregt, selbst eine Theorie zu diesem Thema zu entwerfen. Später hat er diese Theorie überarbeitet und in seinem Werk *Nations and Nationalism* (Oxford 1983) weiterentwickelt (die deutsche Übersetzung erschien unter dem Titel *Nationalismus und Moderne,* Hamburg 1995). Zu seiner eigenen Überraschung wurde dieses Werk zu seinem meistverkauften und -übersetzten Buch. Es übertraf selbst die sehr ausführliche Darlegung seiner philosophischen Position in *Legitimation of Belief* (Cambridge 1974) und sein Resümee der Menschheitsgeschichte in *Plough, Sword and Book* (London 1988; deutsche Ausgabe unter dem Titel *Pflug, Schwert und Buch: Grundlinien der Menschheitsgeschichte*, Stuttgart 1990). Die Popularität seines Buches über Nationalismus reflektierte ein, wie man heute weiß, weltweit gewachsenes Interesse an diesem Thema. Das Thema Nationalismus sollte in seiner Arbeit von nun an einen immer größeren Stellenwert gewinnen, besonders nach dem Ende seiner Tätigkeit an der Universität von Cambridge, als er nach Prag zog, um an der dortigen Universität ein Zentrum für das Studium des Nationalismus einzurichten. Einige seiner Aufsätze zu verschiedenen Vertretern der nationalistischen Denkweise oder zu anderen Theorien über dieses Thema, die vorwiegend in dieser Prager Zeit entstanden, wurden in *Encounters with Nationalism* (Oxford 1994) gesammelt. Das vorliegende Werk steht schließlich am Ende seiner lebenslangen Auseinandersetzung mit dem Nationalismus und benachbarten Themen, und es birgt wahrhaft mehr als das Ergebnis abgehobener akademischer Kontemplation.

Gerade Prag, wo mein Vater als Jugendlicher gelebt hatte, schürte in ihm die Überzeugung, daß Kedouries intellektualistische Nationalismustheorie nicht zutreffen konnte. Nationalismus ist mehr als eine irrige Theorie, die widerlegt und verworfen werden kann, denn er war immer und ist auch heute noch ein unübersehbarer Bestandteil der modernen Welt. Das Prag der dreißiger Jahre war eine multikulturelle und stark kosmopolitisch geprägte Stadt. In ihr waren die tschechische und die deutsche Kultur führend und wetteiferten zugleich miteinander; deshalb besaß Prag auch zwei Universitäten, eine deutschsprachige und eine, in der tschechisch gesprochen wurde. Beide Eltern, Rudolf Gellner und Anna Fantl, entstammten säkularisierten jüdischen Familien. Mit seinen Eltern sprach mein Vater deutsch, mit seiner Schwester und seinen Freunden tschechisch, und als er das englische Gymnasium in Prag besuchte, lernte er auch Englisch. Rudolfs älteste Schwester Hedwig war eine aktive Zionistin, aber Rudolf neigte wie viele Prager Juden dazu, sich mit den Tschechen zu identifizieren, obwohl er erst als Erwachsener nach der Entstehung der Tschechoslowakei im Jahre 1918 Tschechisch gelernt hatte. In den späten dreißiger Jahren, als die Bedrohung durch das NS-Regime offenkundig wurde, reiste Rudolf ein- oder zweimal nach London, um die Flucht seiner Familie aus Prag vorzubereiten. Seine zweite Schwester war nämlich mit einem Engländer verheiratet. Mein Vater, seine Schwester und seine Mutter durften Deutschland schließlich im April 1939 nach dem Einmarsch der Nationalsozialisten in der Tschechoslowakei mit dem Zug durchqueren. Sein Vater mußte zusammen mit einem Freund über Polen und Schweden flüchten. Nicht alle Verwandten schafften es, das Land rechtzeitig zu verlassen.

Diese Erfahrungen führten meinem Vater den unberechenbaren Charakter des Nationalismus vor Augen. Nationen entstehen ja nicht von allein, sondern werden erst durch Staaten und Nationalisten geschaffen, und wie oft müssen Menschen zwischen mehreren konkurrierenden Nationalismen wählen. Zur gleichen Zeit erkannte mein Vater, im Gegensatz zu Kedourie, daß der Nationalismus, in welcher Form auch immer, das unausweichliche Schicksal der modernen Welt darstellt.

Eine Kritik, die sich immer wieder gegen die Theorie meines Vaters richtet, besagt, sie sei »reduktiv« und beachte nicht oder nicht ausreichend die Gefühle, die durch Nationalismus ausgelöst werden. Er entgegnete darauf:

»Ich bin mir der geheimnisvollen Anziehungskraft des Nationalismus durchaus bewußt. Auf meiner Mundharmonika kann ich etwa dreißig verschiedene böhmische Volkslieder spielen (zumindest wurden sie mir in meiner Jugend als solche beigebracht). Mein ältester Freund, ein sehr patriotischer Tscheche, den ich seit meinem dritten oder vierten Lebensjahr kenne, kann es nicht mit anhören, wenn ich sie spiele, denn er behauptet, mein Spiel sei so ›schmalzig‹, als würde ich in die Mundharmonika hineinschluchzen. Ich glaube nicht, daß ich dieses Buch über Nationalismus hätte schreiben können, wenn ich nicht beim Hören von Volksliedern, die zufälligerweise zu den mir liebsten Musikformen zählen, und mit etwas Alkohol auch einmal ins Schluchzen geraten würde.«[1]

Natürlich ließ ihn diese Vorliebe für tschechische Volkslieder nicht zu einem tschechischen Nationalisten werden, und seine Theorie berücksichtigt sicherlich die Tatsache, daß Nationalisten selten über die Wurzeln des Nationalismus Bescheid wissen. Es geht eben nicht allein darum, nationalistische Gefühle zu konstatieren; man muß sie auch *erklären.*

Viele Beobachter des Nationalismus konstatieren seine extrem gewalttätigen Auswüchse verständlicherweise mit einigem Entsetzen. Obwohl mein Vater sich dieser extremen Ausprägungen vollkommen bewußt war, wie dieses Buch zeigt, beschäftigte er sich nicht ausschließlich mit ihnen. In einer Diskussion, die er mit Jacques Rupnik und anderen führte, erklärte er, er sei unter den Gelehrten, die sich mit diesem Thema befaßten, noch einer der optimistischeren. Er spekulierte auf eine »unheilige Allianz« zwischen einer kritischen Haltung der Öffentlichkeit und einem moderaten, nicht-territorialen Nationalismus. Darüber hinaus bekannte er seine Vorliebe für ein vereintes Europa auf föderalistischer Basis, das seine Autorität einsetzen würde, um ökologisches oder terrori-

1 Ernest Gellner, »Reply to Critics«, in: John A. Hall und Ian C. Jarvie (Hg.), *The Social Philosophy of Ernest Gellner* (Poznan Studies in the Philosophy of the Sciences and the Humanities 48), Amsterdam/Atlanta 1996, S. 624f. Vgl. John A. Hall (Hg.), *The State of the Nation: Ernest Gellner and the Theory of Nationalism,* Cambridge 1998.

stisches Unheil sowie den Drogen- und Waffenhandel einzudämmen, ohne jedoch seine kulturelle und territoriale Vielfalt aufzugeben.[1]

Mit diesem kleinen Buch hat er sich zum letzten Mal über das Thema Nationalismus geäußert, und dies ausgereifter als je zuvor. Denn hier verknüpft er seine Theorie über die verschiedenen »Zeitzonen« mit seinem Modell der verschiedenen historischen Stadien; hier definiert er aber auch seine eigene Position in bezug auf die übliche Unterscheidung zwischen Primordialisten und Modernisten neu. Und so trifft es sich, daß ich meinen Vater ausgerechnet am 24. Oktober 1995 zum letzten Mal sah, als er seine Ideen bei einer Debatte mit Anthony Smith an der Warwick University in Form eines äußerst originellen Vortrags zum besten gab. Dieser Vortrag ist im Kapitel 15 dieses Buches unter der Überschrift »Haben Nationen einen Nabel?« zu finden.

David N. Gellner,
Brunel University, London

1 Vgl. Ernest Gellner, »Conclusion«, in: Jacques Rupnik (Hg.), *Le Déchirement des Nations,* Paris 1995.

Kultur und Politik

SEIT ES MENSCHEN gibt, gibt es Kultur. Wir verstehen darunter eine gewisse gemeinschaftliche Ausdrucksweise, ob nun in Worten oder mittels einer bestimmten Körpersprache oder Mimik, in Form eines Kleidungsstils oder einer bestimmten Art und Weise, Nahrung zuzubereiten und sie zu verzehren. Nicht alle Menschen jedoch teilen *dieselbe* Kultur – kulturelle Vielfalt ist eines der zentralen Merkmale menschlicher Existenz.

Die menschliche Spezies unterscheidet sich von anderen Arten insofern, als die Frage der Kultur für sie von zentraler Bedeutung ist. Wahrscheinlich ist auch die Tierwelt nicht vollkommen kulturlos; gelegentlich sind innerhalb bestimmter Tiergruppen Eigenarten zu beobachten, die [nicht auf genetische, aber soziale Weise] von einer Generation auf die nächste weitergegeben werden. Ein solches Merkmal unterscheidet dann eine bestimmte Gruppe von anderen, auch wenn keine genetischen Abweichungen bestehen. Selbst wenn Kultur im Sinne eines Verhaltensmusters, das eher durch Nachahmung als durch das Zusammenwirken von genetischem Material und Umwelteinflüssen weitergegeben wird, bei bestimmten Tiergruppen, wenn auch nur geringfügig, vorhanden ist, so läßt sich dies mit der geradezu existentiellen Bedeutung von

Kultur für das menschliche Zusammenleben doch kaum vergleichen.

Die Tatsache, daß wir überhaupt »kulturfähig« sind, hängt ohne Zweifel mit unserer genetischen Beschaffenheit zusammen. Sie ist wahrscheinlich bei allen Menschen gleich – so meint jedenfalls Noam Chomsky im Zusammenhang mit der menschlichen Sprachfähigkeit. Sollte diese These tatsächlich für das Phänomen der Sprache im engeren Sinn zutreffen, könnte sie durchaus für die Gesamtheit dessen gelten, was wir unter Kultur verstehen. Die Präsenz von »Kultur« ermöglicht jedoch einen Modus der Weitergabe von Eigenarten oder Verhaltensmustern von einer Generation zur nächsten, der nun nicht mehr von der genetischen Konstitution der Mitglieder einer bestimmten Gruppe abhängt. Durch diese Form der Weitergabe verändern sich die Spielregeln radikal; sie ermöglicht eine ungleich größere Vielfalt und steigert die Geschwindigkeit, in der Veränderungen stattfinden, erheblich. Oberflächlich betrachtet, mag es paradox erscheinen, daß diese Befreiung von genetischen Zwängen ihrerseits genetisch bedingt ist. Es bedarf einer bestimmten genetischen Grundlage, damit Kultur überhaupt möglich ist; besteht sie aber erst einmal, können Entwicklungen stattfinden, die sich von den üblichen Gesetzen des genetischen Wandels gelöst haben.

Die Fähigkeit, sich überhaupt Kultur anzueignen, setzt also eine genetische Beschaffenheit voraus, die bei allen Menschen identisch sein *kann.* (Natürlich *muß* dies nicht so sein. Es ist durchaus verstellbar, daß es zwei oder mehrere eigenständige Sets unterschiedlicher genetischer Ausstattung gibt, die gleichermaßen Kultur ermöglichen. Es scheint unwahrscheinlich, daß dieses Wunder mehr als einmal stattgefunden hat, aber man kann es logisch nicht ausschließen.) Gleichzeitig bedeutet diese Fähigkeit, uns Kultur anzueignen, nicht, daß wir etwa von vornherein wüßten, *welche* Kultur sich genau entwickeln wird. Kulturen variieren von einer Gemeinschaft zur nächsten erheblich, und sie können sich auch innerhalb einer Gemeinschaft rasch verändern. Es gibt beispielsweise Gesellschaften, die ihre Sprache aus politischen Gründen, durch kollektive Entscheidung gewechselt haben. Ein Händlervolk im Himalaja entschloß sich zum Wechsel von seiner ursprünglichen Stammessprache zum Nepalesischen und vom Buddhismus zum Hinduismus, als klar wurde, daß es in Zukunft dem Hindustaat Nepal angehören würde und nicht mehr der einst ruhmreichen buddhistischen Kultur Tibets im Norden. Obwohl kulturelle Eigenarten oft als unantastbar erlebt werden, können sie unter den Einfluß von willkürlicher Kontrolle geraten. Die Gesetze kultureller Übermittlung, was auch immer man darunter verstehen mag, unterscheiden sich in der Tat deutlich von den Gesetzen der genetischen Übermittlung. Sie machen es möglich, daß erworbene Eigenarten beibehalten und weitergegeben werden können. Man könnte fast sagen, Kultur *ist* ein ewig fortbestehendes, manchmal jedoch transformiertes oder manipuliertes »Depot erworbener Eigenarten«. Für das gesellschaftliche Leben hat dies weitreichende Konsequenzen. Es bedeutet, daß die Vielfalt enorm ist und daß ein Wandel sich außerordentlich schnell vollziehen kann.

Menschliche Gesellschaften sind aber nicht allein dadurch gekennzeichnet, daß sie Kultur besitzen; sie zeichnen sich auch durch Organisation aus. Jede Gruppe besteht aus Menschen, die sich voneinander unterscheiden, zumindest hinsichtlich ihres Geschlechts oder Alters, normalerweise jedoch auch noch in anderer Hinsicht. Eine Gruppe von Menschen ist nie nur eine Ansammlung von Individuen, deren Beziehungen zueinander ohne Belang wären. Es handelt sich vielmehr immer um einen Verband, dessen einzelne Mitglieder eine bestimmte gesellschaftliche Stellung besetzen, die bestimmte Erwartungen, Rechte und Pflichten, Privilegien und Verbindlichkeiten mit sich bringt.

Diese zwei allgemeinen Merkmale »Kultur« und »Organisation« sind sozusagen das Rohmaterial allen sozialen Lebens. Sie sind die beiden Grundelemente gesellschaftlicher Existenz. Womöglich sind sie nicht gänzlich voneinander unabhängig: Eine Kultur kann unter dem herrschenden Einfluß eines bestimmten Modells sozialer Organisation stehen; oder eine bestimmte Form von Organisation kann einen bestimmten Typ von Kultur erfordern. Der Hinduismus ist zum Beispiel eine Kultur, die die Organisationsform eines Kastensystems erfordert; die herrschenden Themen dieser Kultur verlangen, daß alle Menschen bestimmten Kasten zugeordnet werden und daß sich diese sozialen Kategorien nach dem Grundsatz der Reinheit richten sollen. Eine egalitär organisierte Gesellschaft hingegen kann ihren Mitgliedern radikale kulturelle Unterschiede verbieten. So untersagten einige Nachfolgestaaten des Habsburgerreiches die Verwendung aristokratischer Titel. Doch obwohl sich diese beiden Grundkategorien sozialen Lebens möglicherweise nicht trennen lassen, ist es dennoch wichtig, sie zu unterscheiden. Sowohl Kultur als auch Organisation sind universell in jeder Form sozialen Lebens gegenwärtig.

Beide Grundbegriffe erweisen sich als besonders hilfreich bei dem Versuch, das Thema dieses Buches, den *Nationalismus*, klarer zu fassen. Nationalismus ist eine Form des politischen Denkens, die auf der Annahme beruht, daß soziale Bindung von kultureller Übereinstimmung abhängt. Welche Herrschaftsprinzipien ein Gemeinwesen auch immer bestimmen mögen, ihre Legitimität liegt in der Tatsache begründet, daß die betroffenen Gruppenmitglieder dieselbe Kultur teilen (oder wie der Nationalist sich ausdrücken würde: Sie müssen derselben ›Nation‹ entstammen). Im Extremfall wird die kulturelle Übereinstimmung als notwendige und einzig hinreichende Bedingung legitimer Mitgliedschaft betrachtet; das heißt, *nur* Mitglieder der jeweiligen Kultur dürfen sich dem fraglichen Verband anschließen, und sie sind sogar dazu *verpflichtet.* Die Bestrebungen extremer Nationalisten scheitern dann, wenn es ihrem Nationalstaat nicht gelingt, alle Mitglieder der Nation in sich zu versammeln, und wenn er eine erhebliche Anzahl von Nichtmitgliedern innerhalb seiner eigenen Grenzen duldet, erst recht, wenn diese bedeutende Stellungen innehaben.

Das ist die Kernidee des Nationalismus, und tatsächlich haben wir den Begriff »Nation« lange Zeit im Sinne einer gemeinsamen Kultur verwendet. Diese Definition bedarf sicherlich einer gewissen Revision, um der Komplexität der realen Welt zu genügen; dennoch ist sie ein geeigneter Ausgangspunkt, um das uns interessierende Phänomen zu verstehen.

Kultur und Organisation, Staaten und Nationalismus

KULTUR UND SOZIALE Organisation sind universell und unvergänglich. Staaten und Nationalismus hingegen sind es nicht. Dies ist eine Tatsache von höchster Bedeutung. Eine Theorie, die sie nicht beachtet, kann dem Problem nicht gerecht werden. Nationen und nationalistische Gefühle sind nicht überall verbreitet, Kultur und Organisation dagegen schon. Aus dieser Erkenntnis möchte ich die Frage so formulieren: Wie kommt es, daß die Konstellation von Kultur und Organisation manchmal, jedoch nicht immer Nationalismus hervorbringt?

Die Schwierigkeit liegt darin, daß sich sehr viele Menschen, unter ihnen übrigens bemerkenswert viele eingefleischte Nationalisten, diese Tatsache nicht eingestehen und um so weniger erklären können. Die Existenz eines zentralisierten Staates trägt entscheidend dazu bei, daß Menschen die Welt mit nationalistischen Augen sehen. Dabei ist der Staat selbst nichts Universelles. So kennen wir beispielsweise staatenlose Stammesgesellschaften, in denen die Ordnung durch ein Machtgleichgewicht zwischen einzelnen Gruppen des Stammes statt mittels eines zentralen Agenten gewährleistet wird. (Und dennoch können sich viele keinen anderen Mechanismus als diesen vorstellen.) Unsere ursprüngliche Definition des Nationalismus beruhte auf der Verbindung von Organisation und Kultur: Nur die Einheit sei legitim, die Personen der gleichen Kultur umfasse. Formal betrachtet, trifft diese Definition zu, und doch vernachlässigt sie das vielleicht ausschlaggebende Element nationalistischer Haltung. Es definiert nicht nur die Grenzen des Verbandes, sondern es beansprucht ferner eine institutionelle Führerschaft für den Verband (den Staat). Das Hauptanliegen des Nationalisten besteht darin, daß die einzelnen Posten innerhalb dieser Machtinstitution mit Mitgliedern der »nationalen« Kultur, durch die die Einheit des Verbands definiert ist, besetzt sein sollen. Einfach ausgedrückt heißt das: Kein Ausländer soll über uns herrschen! Diese Forderung ist in der genannten Definition des Nationalismus zwar schon implizit vorhanden; darüber hinaus aber müssen wir ganz klar erkennen, mit welcher Intensität diese besondere Implikation empfunden wird.

Nationalisten und andere neigen dazu, den Staat als eine universelle Institution jeder menschlichen Gesellschaft zu betrachten. Einige frühe politische Theorien erhoben diese Sichtweise sogar zur Doktrin: Keine Gesellschaft ohne Ordnung, keine Ordnung ohne Zwang, kein Zwang ohne einen geeigneten Agenten (den Staat). Dennoch sind Staaten nicht universell. »Kopflose« Gesellschaften schaffen es auch ohne darauf spezialisierte Agenten, die Ordnung zu wahren. Die Jäger und Sammler beispielsweise lebten in Horden und hatten auch Anführer. Und trotzdem können wir hier nicht von einem Staat sprechen. Selbst in bevölkerungsreichen Agrar- oder Hirtengesellschaften, manchmal sogar in urbanen Gemeinschaften, besteht keine andauernde Zentralisierung der Macht. Schon ein interner Machtausgleich zwischen Subgruppen kann genügen, die Ordnung aufrechtzuerhalten. Auch Versammlungen, die auf eine nicht dauerhafte und nicht institutionalisierte Weise Macht an Spezialisten delegieren, können dies erreichen.

Wenn der Ausschluß von Ausländern von *staatlichen* Schlüsselpositionen ein Hauptanliegen des Nationalismus darstellt, würde das ganze Problem doch gar nicht erst entstehen, wenn es keinen Staat gäbe und damit auch keine Schlüsselpositionen in ihm. Hieraus läßt sich schließen, daß das Problem des Nationalismus überhaupt nur in einer Welt entstehen kann, in der Staaten als Selbstverständlichkeit betrachtet werden – *und das läßt sich wahrlich nicht für die gesamte Menschheit sagen.*

Aber wenn schon Staaten nicht universell sind, dann kann es der Nationalismus erst recht nicht sein. Es trifft einfach nicht zu, daß Menschen zu allen Zeiten und an allen Orten die Vorstellung gehabt hätten, die Grenzen sozialer Gemeinschaften müßten mit den Grenzen kultureller Gemeinschaften identisch sein, oder – in der Sprache der Nationalisten – daß sie nur unter ihresgleichen, das heißt unter Ausschluß »anderer« leben wollten. Im Gegenteil: Menschen lebten sehr oft in Verbänden, die diesem Grundsatz nicht entsprachen, und meistens wurde dies ohne Protest oder Opposition akzeptiert. Auch sah niemand die Gefahr, dadurch womöglich einen lebensnotwendigen universell gültigen Grundsatz zu verletzen. Wie mag der Nationalist wohl mit dieser Tatsache (und es ist eine Tatsache) fertig werden?

An diesem Punkt offenbart sich der von uns immer wieder beleuchtete Unterschied zwischen dem Nationalismus, wie wir ihn sehen, und dem Bild, das sich seine Vertreter selbst von ihm machen. Der Nationalismus betrachtet sich selbst in der Tat als einen universell gültigen, unvergänglichen und unanfechtbaren Grundsatz. Aus dieser Sicht ist es nur »natürlich«, daß Menschen unter ihresgleichen leben wollen oder es ablehnen, mit Menschen anderer Kulturen zusammenzuleben, und vor allem, daß es sie ärgert, wenn sie von jenen regiert werden. Dies ist vielleicht die verbreitetste aller Nationalismus-»Theorien«. Dabei kann man diese Sichtweise eigentlich kaum als Theorie bezeichnen, denn sie betrachtet diesen Grundsatz –

oder überhaupt die Grundsätze sozialer Organisation – als etwas »Urmenschliches«, als sei es müßig, überhaupt darüber nachzudenken. Von diesem Standpunkt aus ist nur dann eine Erklärung notwendig, wenn das Prinzip des Nationalismus nicht vorhanden ist beziehungsweise in Frage gestellt wird. Und natürlich bereitet das stets wiederkehrende Fehlen nationalistischer Unruhen im Verlauf der Menschheitsgeschichte dem Nationalisten ein Problem, das er erklären muß.

Diese Theorie ist nicht nur deshalb gefährlich, weil sie falsch ist, sondern vor allem, weil die Unanfechtbarkeit, die sie sich selbst zuschreibt und die ihr tatsächlich anhaftet, ihre Befürworter von der Einsicht abhält, daß sie es überhaupt mit einer Theorie zu tun haben. Sie sehen nicht, daß es sich um eine durchaus strittige Angelegenheit handelt, die einer eingehenden Untersuchung bedarf, und eben nicht um eine über jeden Zweifel erhabene Kategorie, die jedes tiefere Nachdenken über Mensch und Gesellschaft überflüssig macht. Sie glauben, lediglich das Offensichtliche zu erkennen; sie theoretisieren eigentlich gar nicht. Was aber von vornherein gar nicht als strittige Theorie betrachtet wird, kann man auch nicht korrigieren. Wenn es zudem auch noch falsch ist, befindet man sich in einer unglücklichen Situation.

Nationalisten wissen sehr wohl, warum einige von uns die Universalität nationalistischer Gefühle in Frage stellen. Es ist ihnen bewußt (und oft verärgert es sie), daß der Nationalismus im Hinblick auf viele Gesellschaften wie auch geschichtliche Epochen gerade durch Abwesenheit auffällt. Sie wissen es genau, und es erfüllt sie mit Bitterkeit, besonders wenn es um die jüngere Geschichte ihrer eigenen Nation geht. Aber schließlich finden sie immer wieder ihre eigene Erklärung und verwenden dabei eine der wohl geläufigsten nationalistischen Vokabeln: *Erwachen.* In der Nazizeit hieß es: »Deutschland erwache!« Auch die Nationalisten in Mittel- und Osteuropa verwenden den Begriff des »Erweckers« – *buditel* auf Tschechisch –

nur allzu gern. Die Wurzel dieses Wortes findet sich auch in dem Namen »Buddha«, aber hier geht es natürlich nicht um spirituelle, sondern um nationale Erweckung. Der Mensch soll nicht zum Zweck irdischen Haderns und Leidens erweckt werden, auch nicht zur Befreiung davon, sondern zu seiner nationalen Identität, mit allen politischen Implikationen. Gemeint ist die Notwendigkeit, die nationale Kultur durch staatliche Macht zu schützen, ferner die Notwendigkeit, Ausländer, die für diese Kultur eine Gefahr darstellen, zu entlarven und zu vertreiben. Sowohl Buddha als auch der *buditel* wollen uns erwecken, aber der Schlaf, den sie beenden wollen, und die Wirklichkeit, die sich dadurch offenbaren soll, unterscheidet sie deutlich voneinander. Jenen, für die menschliche Erfüllung an das Erreichen eines nationalen Bewußtseins sowie dessen erfolgreiche politische Ausprägung geknüpft ist, bedeutet ein nationales Erwachen weit mehr als ein geistiges Erwachen; tatsächlich ist es für sie eine Art geistigen Erwachens, vielleicht sogar seine höchste Form.

Daß der Nationalismus etwas Universelles sein soll, obwohl er doch in großen Teilen der Welt lange, zum Teil bis heute überhaupt nicht aufgetreten ist – diesen Widerspruch löst der Nationalist, indem er argumentiert, der Nationalismus habe lediglich geschlummert: ›Unsere Nation hat schon immer bestanden; sie ist eine ewige und unvergängliche Größe. Sie überdauert die kurzlebigen Geschöpfe und Generationen, in deren Gestalt sie vorübergehend zum Vorschein kommt. Nationen sind der Grundstein menschlicher Existenz, und daß es sie gibt, ist weder Zufall noch moralisch irrelevant, sondern im Gegenteil für die Erlangung menschlicher Glückseligkeit von zentraler Bedeutung. Kulturelle Vielfalt ist unsere offenkundige Bestimmung, und Menschen erreichen die Erfüllung allein dank ihrer unverwechselbaren nationalen Kulturen, nicht durch blutleere Universalität.‹

Und dennoch, obwohl stets präsent, verfällt die Nation in all ihrer kulturellen Anfälligkeit immer wieder in den Zustand des Schlummers und verbirgt sich so im Geheimen. Ihr Schlaf wird angeblich von ihren Feinden herbeigesehnt, wenn nicht gar heraufbeschworen, damit sie ihre eigene Macht stärken können.

Der »Schlummerzustand« des Nationalen ist, obwohl dieser Begriff selten gebraucht wird, eine der ganz zentralen Lehren des Nationalismus. Und das ist wahrlich kein Zufall: Ohne diese Doktrin wäre der Nationalismus verloren. Ohne sie könnte man den natürlichen, erhabenen und universellen Rang, der dem nationalistischen Prinzip zugeschrieben wird (und das der Nationalist mit Leidenschaft hervorhebt), kaum mit dem Umstand vereinbaren, daß es in der Geschichte häufig überhaupt nicht beachtet wurde. (Dies räumen die Verfechter der schlummernden Nation nur widerwillig und mit Bitterkeit ein, um es rasch mit der Bemerkung beiseite zu schieben, es handele sich um eine oberflächliche Wahrheit, die bedauerlich sei und schnellstens korrigiert werden müsse.)

Notwendigkeit oder Zufall?

Wenn Nationalismus universell und unvergänglich ist, ist er wahrscheinlich auch notwendig, das heißt in der Natur der Dinge, der menschlichen Psyche beziehungsweise Gesellschaft angelegt. So jedenfalls sieht der Nationalismus sich selbst und seinen sozialen Stellenwert. Und interessanterweise schreiben auch seine Gegner ihm diesen Stellenwert häufig zu. Am Wohl des Menschen interessierte Internationalisten, die einerseits den Partikularismus, die Ausschließlichkeit, Intoleranz, Engstirnigkeit und Brutalität des Nationalismus beklagen, räumen andererseits dennoch des öfteren, und zwar mit großem Bedauern ein, daß diese Merkmale tief und vielleicht universell im Menschen verwurzelt seien. Sie sehen sich selbst als Teilnehmer eines schmerzlichen und mühseligen Kampfes gegen die atavistischen, dadurch jedoch um so mächtigeren Neigungen des menschlichen Herzens. Sie wollen diese Neigungen gerne überwinden, erkennen jedoch deren Stärke und Allgegenwart an. Sie hoffen, daß Weltoffenheit, Großzügigkeit und allumfassende Brüderlichkeit die Oberhand gewinnen mögen, sind aber von der Kraft gegenläufiger Entwicklungen gleichzeitig zutiefst beunruhigt.

Ich habe meine Skepsis gegenüber dieser angeblichen Universalität von Nationalismus und nationalistischen Gefühlen bereits angedeutet – eine Skepsis, die ich gleichermaßen gegenüber der Vision eines leidenschaftlichen Kampfes zwischen atavistischem Partikularismus und aufgeklärtem Universalismus hege (daran glauben *beide* Seiten, auch wenn sie in diesem historischen Wettkampf gegnerische Mannschaften darstellen). Mit dieser Skepsis sind auch Zweifel an der Theorie der schlummernden Nation verbunden. Diese Doktrin dient dazu, die Vorstellung eines allgegenwärtigen Nationalismus mit der unbestreitbaren Tatsache zu versöhnen, daß sich der Nationalismus in der Geschichte allzuoft nicht hat blicken lassen. Sie kommt der heroischen Rolle entgegen, die der Nationalismus den Erweckern zuschreibt.

Eine Sichtweise, die sich von der Vorstellung nationaler Gefühle als *notwendiges* und unvermeidbares Phänomen radikal unterscheiden soll, muß diese als absolut *zufällig* betrachten, als eine willkürliche Erfindung, ein Nebenprodukt des Gekritzels einer Reihe von Gelehrten innerhalb einer bestimmten geschichtlichen Situation. Diese Auffassung wurde vom späten Elie Kedourie in seinem Buch *Nationalismus* vehement verfochten. Ihm verdanke ich meine Abkehr von dogmatischen Irrungen. Bis ich sein Buch las, hatte ich die Vorstellung geteilt, Nationalismus sei etwas »Natürliches«, oder zumindest hatte ich sie nicht scharf genug kritisiert. Ich war stolz darauf, mit Elie Kedourie befreundet zu sein, obwohl wir in dieser wie in vielen anderen Fragen höchst unterschiedlicher Meinung waren.

Seine Position, daß Nationalismus weder universell noch notwendig sei, erscheint mir jedoch völlig zutreffend, und in der Tat verdanke ich – und nicht nur ich – diese Erkenntnis seinem Werk.

Dies ist wahrscheinlich der richtige Zeitpunkt, um zu verdeutlichen, welche Position hier vertreten werden soll. Die Ausgangsfrage lautet: Ist Nationalismus nun ein notwendiges oder ein zufälliges Phänomen? Gemäß konventioneller Weisheit, die von den Nationalisten selbst, aber auch von ihren internationalistischen Gegnern in Anspruch genommen wird, ist er etwas Notwendiges. Kedourie ist einer der bestechendsten und geschicktesten Vertreter der gegnerischen Position, die Nationalismus als einen ideologischen Unfall darstellt. Sein Buch beginnt mit folgendem berühmten Satz: »Der Nationalismus ist eine Doktrin, die zu Beginn des neunzehnten Jahrhunderts in Europa erfunden wurde.«

Mit meiner Position bestreite ich beide Einstellungen gleichermaßen. Nationalismus ist weder universell und notwendig noch willkürlich und zufällig, noch gar die Frucht wertlosen Gekritzels und leichtgläubiger Leser. Er ist die notwendige Folge beziehungsweise Implikation bestimmter sozialer Verhältnisse, *unserer* Verhältnisse. Sie sind weitverbreitet, tiefverwurzelt und dominierend. Folglich ist Nationalismus kein Zufall: Seine Wurzeln liegen tief, er war tatsächlich unser Schicksal, und nicht etwa ein willkürliches Übel, das Schreiberlinge aus der Spätphase der Aufklärung über uns gebracht haben. Dennoch sind die tiefen Wurzeln, die ihn bedingen, nicht universell vorhanden und ist Nationalismus nicht das Schicksal aller Menschen. Er ist das ziemlich wahrscheinliche Schicksal einiger Menschen und gleichzeitig ziemlich unwahrscheinlich für viele andere. Mein Anliegen ist es, die Merkmale herauszuarbeiten, die nationalismusanfällige von nationalismusresistenten Gesellschaften unterscheiden. Seit dem Ende des achtzehnten Jahrhunderts ist unverkennbar, daß unsere eigene Gesellschaft wie übrigens ein stetig wachsender Teil – letztlich wohl die Mehrheit – der Menschheit dem ersten Lager zuzuordnen ist.

Daß die machtvolle Präsenz des Nationalismus in unseren Seelen von bestimmten, noch so wichtigen und verbreiteten sozialen Verhältnissen abgeleitet wird, vermittelt manchen den Eindruck, als sei diese Theorie zu »reduktiv«, als reduziere sie nationale Gefühle auf die gefühlsmäßige Manifestation von sozialen Belangen. Selbst Menschen mit verhältnismäßig mildem, humanem und moderatem Nationalgefühl könnten eine derartige Behauptung als degradierend empfinden, und wenn nicht verärgert, so doch zumindest irritiert reagieren. Sie *lieben* ihr Land, ihr Volk und ihre Kultur. Ihre Liebe ist aufrichtig, tief empfunden und selbstlos. Es ist nicht zu leugnen, daß diese Liebe sie und ihre Angehörigen in die Sphären des Altruismus und der Selbstaufopferung hinauftragen kann – Eigenschaften, zu denen sie andernfalls nicht fähig wären. Deshalb verachten sie eine solch theoretische »Reduktion«, die dieses edle, selbstlose und selbstverleugnende Gefühl in den Rang objektivierter sozialer Kräfte herabwürdigt. Dieser Verdruß ist nur natürlich und verständlich, aber er entbehrt jeder Rechtfertigung. Auch wenn ein Gefühl in sozialen Verhältnissen wurzelt oder durch sie hervorgerufen wird, kann es aufrichtig und authentisch sein, kann es heroische Selbstaufopferung bewirken. Die Erklärung, die hier dargeboten werden soll, ist nur dann entwürdigend, wenn man darauf besteht, daß Nationalgefühl oder Patriotismus direkt aus einer Quelle im tiefsten Inneren der eigenen Psyche entspringt, die von der sozialen Wirklichkeit unbefleckt ist. (Dies würde ironischerweise der von dem Nationalisten betonten kulturellen Einzigartigkeit widersprechen und den Nationalismus in etwas Allgemeinmenschlichem verankern, das alle Kulturen und Nationen übersteigt.) Wenn Sie das für sich in Anspruch nehmen, dann dürfen Sie meine Theorie in der Tat als Beleidigung empfinden.

Wird ein Gefühl durch jegliche Erklärung entwertet, ist es,

wie Immanuel Kant zu glauben schien, nur dann von Wert, wenn es, von äußeren Einflüssen unberührt, sich selbst hervorgebracht hat, dann mag dieser Vorwurf zu Recht bestehen. Doch so, wie ich den Nationalismus sehe, sind seine Wurzeln weder oberflächlich noch verächtlich. Sie sind zwar nicht in allen Menschen und in allen sozialen Strukturen universell wirksam, gleichwohl sind sie in den Bedingungen menschlicher Existenz, die unsere Epoche kennzeichnen, tatsächlich tief verankert. Sie reichen bis in die Mitte unseres Wesens und unserer Existenz. Sie sind mächtig, und sie sind es zu Recht. Nicht all ihre Auswüchse mögen uns bewundernswert erscheinen, doch entkommen können wir diesen Wurzeln nicht, und grundsätzlich ist auch nichts Ehrloses an ihnen. Ich werde sie noch ausführlich analysieren. Zu diesem Zeitpunkt sei lediglich soviel gesagt, daß sich der (häufige) Vorwurf des Reduktionismus als haltlos herausstellen wird. Nationale Gefühle können aufrichtig und tief empfunden sein, und wer sie in seiner Brust deutlich verspürt, braucht nicht zu denken, daß diese Theorie dadurch widerlegt sei – keineswegs! Die Intensität und Tiefe des Gefühls wird hier weder bestritten noch verworfen. Im Gegenteil: Sie stellt eine der Schlüsselprämissen meiner Position dar. Gerade diesem Aspekt wird hier Rechnung getragen. Ihn zu erklären ist mein Ziel. Die Erklärung, die ich anbieten werde, mag zutreffen oder auch nicht; dies zu beurteilen, will ich anderen überlassen. Aber es stimmt einfach nicht, daß die Intensität und Echtheit nationalistischer Gefühle außer acht gelassen würden.

Meine Position zum Thema »Notwendigkeit oder Zufall« ist also in der Mitte angesiedelt; sie bestreitet beide Extreme und bekräftigt, daß Nationalismus unter bestimmten (noch zu nennenden) Bedingungen tatsächlich notwendig ist, aber diese Bedingungen selbst sind eben nicht universell. In einer anderen Frage vertrete ich einen deutlich weniger »gemäßigten« Standpunkt, nicht in der Mitte, sondern an einem der beiden Enden der Skala. Gemeint ist das andere große Thema in der Debatte um den Nationalismus, in der sich Modernisten und Primordialisten gegenüberstehen. Letztere behaupten, Nationalismus sei ein uraltes Phänomen; erstere suchen seinen Ursprung in den Merkmalen der modernen Welt. In dieser Frage beziehe ich ganz klar die Position der Modernisten: Der Nationalismus wurzelt tatsächlich in der Moderne.

Ein kurzer Überblick über die Menschheitsgeschichte

Ich habe meine Darlegungen mit den beiden Schlüsselbegriffen *Kultur* und *Organisation* begonnen. Die Beziehung dieser beiden Merkmale zueinander hat sich im Verlauf der Menschheitsgeschichte radikal verändert. Im folgenden werde ich die Grundstadien der Menschheitsgeschichte kurz skizzieren, die sich aus diesem Blickwinkel ergeben.

Im Grunde genommen hat der Mensch bisher drei Stadien durchlaufen: die Urzeit, die Zeit des Ackerbaus und schließlich die von Wissenschaft und Industrie geprägte Gesellschaft. Die Horden oder kleinen Gemeinschaften im Zeitalter der Jäger und Sammler waren zu klein, als daß Nationalismus überhaupt hätte entstehen können. Die Verschmelzung verschiedener Gruppen führte gelegentlich zu einer Art multikultureller Gesellschaft, auch bei vergleichsweise kleinen Gemeinschaften (Claude Lévi-Strauss begegnete einer solchen im brasilianischen Dschungel), und kulturelle Überlagerungen gab es ständig. Die Tatsache, daß politische Führerschaft nur ansatzweise und eine »Hoch«-Kultur im Sinne einer kodifizierten, schriftgebundenen Kultur überhaupt nicht bestand, bedeutete, daß das für nationalismusanfällige Gesellschaften typische Verhältnis zwischen Politik und Kultur schlicht nicht gegeben war. Wo weder ein staatliches noch sonst formal definiertes Bildungswesen existiert, taucht die Frage, welche Kultur ihm zugrunde liegen soll, gar nicht erst auf.

Jene voragrarischen Gesellschaften, die sich in die moderne Welt hinüberretten konnten, sind jedoch vor Nationalismus nicht sicher: Da sie im Vergleich zu Agrar- und Industriegesellschaften geradezu winzig sind und da sich ihr Lebensraum normalerweise über große Landflächen erstreckt, werden sie in Gebieten, die sie als ihre Heimat betrachten, gewöhnlich von fremden Völkern überflutet und von größeren politischen Verbänden einverleibt, die wiederum unter der Herrschaft anderer, viel größerer ethnischer Gruppen stehen. Die Gebiete, in denen sie einst jagten, fischten oder ihre Nahrung sammelten, bergen aufgrund ihrer Ausdehnung oft reiche Vorkommen an natürlichen Rohstoffen. Unter den modernen Bedingungen ist es ihnen manchmal möglich, als Ureinwohner gewisse Rechte geltend zu machen. Manchmal aber werden sie auch brutal vertrieben. (Den Tuareg beispielsweise wurde der Anspruch auf Erdölfelder in der Sahara, auf denen ihre Kamele geweidet hatten, weitgehend verwehrt.) In besonders grausamen Fällen versucht man gar, sie durch Krankheiten auszurotten, um so ungestört an die natürlichen Rohstoffe heranzukommen. Dies ist ein ebenso wichtiges wie umstrittenes Thema – es beunruhigt sowohl Menschenrechtler, die die Ausbeutung schwacher ethnischer Gruppen (beziehungsweise deren Ermordung) verhindern wollen, als auch Völkerkundler, die an dem Fortbestand der Überreste einer fast »verlorenen« Welt interessiert sind. Wie dem auch sei, »Nationalismus« hat es zur Zeit der Jäger und Sammler nicht gegeben, weder während der Phase vor der Neolithischen Revolution, als sich die gesamte Menschheit in diesem Stadium befand, noch später, als einzelne Jäger- und Sammlervölker in abgelegenen Teilen der Erde (etwa in Australien) oder am Rande der agrarischen Welt überlebten.

Heutzutage jedoch sind auch sie davon betroffen. Arktische Fischer oder Sammler, in der Alten wie in der Neuen Welt, haben sich organisiert und sind dabei, in Reaktion auf (sagen wir) russische oder frankokanadische Übergriffe Nationalbewußtsein zu entwickeln.

Im Zeitalter des Ackerbaus veränderte sich vieles. Es kam zu einer enormen Ausdehnung der menschlichen Siedlungen, die durch Lebensmittelproduktion und neue Lagermethoden ermöglicht wurde. Dies wiederum bewirkte wesentlich komplexere Formen der Arbeitsteilung und sozialen Organisation. Abgesehen vom Anstieg ökonomischer Spezialisierung (neben den Bauern gab es nun auch Handwerker und Händler), traten nun die Vertreter von Rot und Schwarz immer deutlicher in Erscheinung: die Spezialisten in Sachen Zwang und Gewalt einerseits und die Spezialisten des Rituals, der Doktrin, des Heils, der Rettung und der Fürsprache gegenüber dem Göttlichen andererseits. Politische Zentralisierung (anders ausgedrückt: der Staat) war zwar nicht in allen Agrargesellschaften vorhanden – einige regierten sich selbst, indem sie einzelne Subgruppen in Form von Riten ermächtigten und somit eine Art internes Machtgleichgewicht herstellten –, doch sie dehnte sich immer weiter aus und wurde zu der wohl verbreitetsten Form politischer Organisation. Die hierarchische Organisation der Gesellschaft wurde »normal«; man könnte auch sagen, Komplexität und Hierarchie entwickelten sich gemeinsam.

Zur Zeit der Agrargesellschaft existierte der Staat bereits, jedenfalls in einer Vielzahl von Einzelgesellschaften, aber auch die kulturelle Differenzierung hatte zugenommen. Daher standen Agrarvölker tatsächlich vor der Frage nach dem geeigneten Verhältnis zwischen politischer Macht und Kultur. Mit anderen Worten: Das Problem des Nationalismus entstand; die Theorie, nach der nur der politische Verband legitim ist, der alle Mitglieder einer bestimmten Kultur (und nur sie) in sich vereint, hätte also schon damals ihre Anhänger finden können.

Einfacher ausgedrückt: Ruritanien den Ruritaniern![1] Mögen alle Ruritanier in dem einen heiligen Vaterland vereint sein! Und niemand anders, außer vielleicht einer kleinen Zahl sich anständig benehmender Besucher, die im Bewußtsein ihrer Gastrolle keine einflußreichen Positionen für sich beanspruchen, soll sich in diesem heiligen Ruritanien breitmachen.

Schon damals hätte eine solche Theorie formuliert werden können. Die Begriffe, um die es geht, waren schon damals präsent; die Frage nach der Definition des legitimen politischen Verbandes und der legitimen Herrschaft, die nur allzu leicht nationalistische Antworten hervorruft, bestand schon damals: Mit dem Aufkommen der Schrift entstand die Idee, Kultur und ihre Gesetze zu kodifizieren und sie sodann durch eine formale Erziehung weiterzugeben. Dadurch war es – zumindest prinzipiell – möglich, ein Nationalist zu sein. Dennoch fielen die Nationalisten, die es vereinzelt durchaus gab, in keiner Weise auf oder besetzten gar eine beherrschende Stellung. Wie läßt sich das erklären?

Agrargesellschaften basieren auf Lebensmittelproduktion, Vorratswirtschaft und einer relativ beständigen Technologie – das sind ihre Hauptmerkmale. Abgesehen von der genannten Unterscheidung zwischen staatlich organisierten und staatenlosen Gesellschaften, besteht noch der wichtige Unterschied zwischen analphabetischen Gesellschaften und solchen, die sich der Schrift bedienen. Letztere sind, so kann man annehmen, eher in der Lage, nicht nur Vorräte anzulegen, sondern auch Ideen zu speichern. Oder besser ausgedrückt: Sie sind mit einer für das Speichern von Ideen maßgeblichen Technik ausgerüstet. Gesellschaften können aber auch ohne Schrift Ideen

1 »Ruritania« ist der englische Begriff für einen typischen mitteleuropäischen Kleinstaat. Der Name wurde als Schauplatz von Anthony Hopes Romanen *The Prisoner of Zenda* (1894) und *Rupert of Hentzau* (1898) berühmt.

oder zumindest einzelne Sätze »einfrieren«, und zwar durch rituelle Beschwörung, die bestimmte Muster bewahrt und ihnen dadurch normative Bedeutung verleiht.

Der technologische Stillstand in der Agrargesellschaft impliziert bestimmte, überaus bedeutsame Folgen. Durch ihn wird ein radikaler Anstieg der Produktivität so gut wie ausgeschlossen. Eine Steigerung ist nur dann vorstellbar, wenn einer der verfügbaren Produktionsfaktoren wie Land- oder Arbeitseinsatz erhöht wird, und so stößt man zwangsläufig irgendwann an Grenzen, nämlich dann, wenn das »Gesetz der abnehmenden Bodenerträge« seine Wirkung zeigt. Einfacher ausgedrückt heißt das: Die Agrargesellschaft unterliegt in bezug auf ihr Produktivitätspotential gewissen Grenzen, die mit der *(ex hypothesi)* vorhandenen Technologie sowie dem begrenzten Vorrat an lokalen Rohstoffen zusammenhängen, der dieser Technologie zugänglich ist. Noch einfacher ausgedrückt: Die Produktivität läßt sich lediglich bis zu einem bestimmten Punkt steigern, das Bevölkerungswachstum hingegen unterliegt keinen Grenzen. Diese Gesellschaften bezeichnet man auch als malthusianische Gesellschaften. Dabei liegt der Hauptaspekt darin, daß in einer solchen Gesellschaft der Kampf einzelner Subgruppen um Rohstoffe oder Erträge zwangsläufig ein Nullsummenspiel ist. Niemand kann gewinnen, ohne daß dies gleichzeitig einen entsprechenden Verlust für einen anderen bedeuten würde.

Agrargesellschaften sind zwangsläufig Malthusianische Gesellschaften. Aus dem Bedarf an Arbeits- und Verteidigungskraft erwächst die besondere Bedeutung des Nachwuchses, jedenfalls des männlichen Nachwuchses; technologischer Stillstand setzt der Produktivität Grenzen. Diese zwei Faktoren zusammen münden in dem Zustand, dessen Definition Thomas Robert Malthus berühmt gemacht hat: Das Exponentialwachstum der Bevölkerung bedeutet in Verbindung mit dem nichtexponentiellen Wachstum der Erträge (sofern es überhaupt welche gibt), daß die Gesellschaft insgesamt immer mehr Gefahr läuft, ihre Mitglieder schon bald nicht mehr ernähren zu können. Und so hat sie in regelmäßigen Abständen, bedingt durch Mißernten oder soziale Zerrüttungen, mit Hungersnöten zu kämpfen.

Hungersnot entsteht nicht zufällig. In Agrargesellschaften verhungern Menschen entsprechend ihrem gesellschaftlichen Rang. Eine Agrargesellschaft ist ein System, das Lebensmittel produziert und lagert; die Silos oder Lagerstätten werden bewacht und ihr Inhalt nur entsprechend den geltenden Privilegien an ihre Mitglieder verteilt. In Nordafrika nennt oder nannte man den Staat *Makhzen*, ein Wort, das sich aus dem Begriff für »Speicher« oder »Magazin« ableitet. Dieser Begriff ist sehr bezeichnend, denn regieren heißt hier, die Kontrolle über Vorräte zu haben.

In einer derartigen Situation tut jeder einzelne Mensch und jede Gruppe innerhalb einer Gesellschaft gut daran, seiner oder ihrer eigenen Stellung innerhalb der sozialen Ordnung die allergrößte Aufmerksamkeit zu widmen, anstatt sich mit der Steigerung der Erträge zu beschäftigen. Es sind der gesellschaftliche Stellenwert und die damit verbundenen Privilegien, die über das Schicksal jedes einzelnen entscheiden. Eine Ertragssteigerung provoziert höchstens Plünderung oder Besteuerung und ist daher letztlich nicht erstrebenswert. Manchmal kommt es vor, daß Erträge versteckt und zur Verbesserung der eigenen Sicherheit oder Lebenschancen verwendet werden. Aber das ist selten. Der normale Weg führt von der Macht zum Reichtum, und nicht umgekehrt. Im mittelalterlichen Spanien gab es eine Redensart, daß der, der Krieg führt, schneller und ehrenhafter zu Reichtum gelangt, als der, der Handel treibt. Dieser Satz läßt sich mit Fug und Recht auf die meisten Agrargesellschaften übertragen.

Diese tiefgreifende und wichtige Wahrheit spiegelt sich in ihrem charakteristischen Wertesystem wider. Allgemein gesprochen, verachten sie Arbeit und achten statt dessen die *Ehre*. Was ist Ehre? Eine ausgeprägte Empfindsamkeit bezüglich des eigenen Status, kombiniert mit einer aggressiven Grundhaltung und der Fähigkeit, Macht auszuüben und einzuschüchtern. Diesen Werten kommt in den herrschenden Schichten der Agrargesellschaften die größte Bedeutung zu. Sie kennzeichnen allgemein eine gewisse »Nobilität«, und dieser sehr charakteristische Begriff bezeichnet entweder die Mitgliedschaft in einer privilegierten Gruppe oder den Besitz und die Zurschaustellung von als »ehrenhaft« betrachteten Werten. Diese sogenannten »roten« Werte sind häufig auf vielerlei Weise mit den sogenannten »schwarzen« der Priesterschaft verwoben. Der Zwang, dem Agrargesellschaften unterworfen sind, erfordert einen gewissen Zusammenhalt, der wiederum auf den Prinzipien der Legitimität beruht, das heißt, man muß wissen, mit wem man sich zusammentut. Zwang funktioniert dann am besten, wenn die Gruppen derer, die ihn ausüben, klar definiert sind, gut zusammenhalten und eine klar gegliederte innere Herrschaftsstruktur aufweisen. Die rituelle und doktrinäre Selbstbehauptung dieser auf Mitglied- und Führerschaft ausgerichteten Legitimitätsprinzipien erfordert wiederum Spezialisten, nämlich Priester oder Geistliche. So neigen in Agrargesellschaften die »Schwarzen« dazu, Macht und Herrschaft mit den »Roten« zu teilen. Die Sozialphilosophie der Aufklärung im achtzehnten Jahrhundert beruhte auf der Nichtanerkennung dieser Welt. Sie wünschte nichts mehr, als den letzten König mit den Eingeweiden des letzten Priesters erdrosselt zu sehen. So spiegelte die Aufklärung genau die Merkmale jener Welt wider, die sie verurteilte; sie gründete auf der falschen Annahme, diese Welt sei mit all der Unterdrückung und dem Aberglauben, der sie prägte, lediglich das Ergebnis menschlicher Dummheit, eben eines Mangels an »Aufklärung«. Das Erdrosseln von Monarchen mit den Eingeweiden von Geistlichen allein, so interessant uns diese Vorstellung auch erscheinen mag, würde allerdings noch nicht den Untergang der agrarischen Welt samt ihres Wertesystems und ihrer Illusionen bewirken. Dieses System wurzelt in der Logik der agrarischen Welt und nicht etwa in der menschlichen Dummheit, jedenfalls nicht in der Dummheit allein.

Eine Agrargesellschaft ist in einem Teufelskreis eingeschlossen, aus dem sie unter normalen Umständen nicht ausbrechen kann. Tatsächlich ist es ja schon einmal gelungen, aber niemand weiß genau, wie das möglich war. Die Lebensbedingungen solcher Gesellschaften diktieren bestimmte Werte, die jede Innovation und jedes Wachstum verhindern. Dies bewirkt eine Nullsummensituation, die ihrerseits bestimmte Werte diktiert, et cetera ... Aus diesem Kreislauf gibt es keinen Ausweg. (Oder, wenn man so will: Es gibt einen, aber er hat wie ein Wunder nur ein einziges Mal funktioniert.)

Was uns hier interessiert, sind die Konsequenzen für das Verhältnis zwischen Organisation und Kultur. Eine Agrargesellschaft ist gewöhnlich hierarchisch organisiert. Alle Schichten (und ihre Mitglieder) wachen über ihre Stellung und ihre Privilegien. Voller Eifersucht streben sie danach, sich so weit wie möglich von der jeweils unteren Schicht zu unterscheiden, die ihre besonderen Vorrechte an sich reißen könnte. Die unterste Schicht des »gemeinen Volks«, nämlich die bäuerlichen Agrarproduzenten, ist wiederum in unterschiedliche Dorfgemeinschaften unterteilt. Zwischen ihnen ist die Mobilität stark eingeschränkt, hauptsächlich weil die Agrarproduzenten normalerweise stark an ihr Land gebunden sind, sei es formell oder nur aus praktischen Gründen. Diese Tatsache erlaubt es den Herrschenden, Disziplin zu erzwingen und dadurch sicherzustellen, daß verfügbare Ernteüberschüsse abgegeben werden; es wäre der gesellschaftlichen Ordnung auch nicht förderlich, wenn die Bauern auf der Suche nach milderen Herren frei herumwandern könnten. Der weniger strenge Umgang mit Leibeigenen in Westeuropa seit dem vierzehnten Jahrhundert wird dem allgemeinen Mangel an Arbeitskräften in Folge der Pest zugeschrieben; offenbar sahen sich die Adligen zu mehr Nachsicht gegenüber ihren Untertanen veranlaßt, damit sie bei ihnen blieben.

Das Wertesystem der Agrargesellschaft beruhte nicht auf dem Gleichheitsgrundsatz. Sie verstärkte ihre innere Ungleichheit sogar noch und verhinderte dadurch Mobilität – Gegenteil von dem, was unsere Gesellschaft tut. Ein Gesetz scheint auf die soziale Entwicklung zuzutreffen: Je komplexer und »entwickelter« eine Gesellschaft ist, desto weniger egalitär ist sie (vgl. G. Lenski 1966, S. 43). Das galt bis zum Beginn der Moderne, die aus noch zu benennenden Gründen nicht nur diesen Trend umkehrt, sondern – übrigens aus ähnlichen Gründen – den Nationalismus hervorbringt.

Die Agrargesellschaft fördert in ihrem Inneren die kulturelle Differenzierung, und gerade diese Vielfalt ermöglicht ihre Funktionsweise. Sie hängt von der Bewahrung eines komplexen Rangsystems ab, und es ist wichtig, daß diese unterschiedlichen Ränge sowohl sichtbar als auch spürbar sind, daß sie sowohl nach außen deutlich wie auch verinnerlicht werden. Wenn sie in allen äußerlichen Aspekten, sei es im Kleidungsstil, in den Tischsitten, der Sprache und der Körperhaltung oder in der Frage, wieviel Nahrung dem einzelnen zusteht, deutlich wahrgenommen werden, beseitigt dies jeden Zweifel über deren Rechtmäßigkeit und vermindert mögliche Reibungspunkte. Wenn der Status eines Menschen mit den dazugehörigen Rechten und Pflichten Bestandteil seiner Seele und seiner Identität wird, dann fördert dies seine soziale Disziplin. Der große Klassiker unter den Theorien der Agrargesellschaft, Platos *Der Staat*, definiert Moral in ebendieser Weise: Moral besteht nach Plato darin, daß jedes Element einer hierarchisch gegliederten Gesellschaft die ihm zugewiesene Aufgabe erfüllt, und keine anderen.

Daraus können wir eine wichtige allgemeingültige Aussage über die Rolle der Kultur in der Agrargesellschaft ableiten:

Ihre Hauptfunktion besteht darin, das hierarchische Rangsystem der jeweiligen sozialen Ordnung zu stärken, für es einzustehen, es sichtbar und verbindlich zu machen. (Den Unterschieden innerhalb der Bauernschaft kommt eine andere Funktion zu, sie dienen aber auch dem Ziel, die einzelnen Mitglieder enger an ihre Gemeinschaft zu binden.) Aber wenn dies die primäre Rolle von Kultur in einer solchen Gesellschaft ist, kann Kultur nicht gleichzeitig dafür verantwortlich sein, die Grenzen des Gemeinwesens nach außen zu markieren.

Aus diesem Grund kann Nationalismus, der ja auf der Annahme beruht, daß ein legitimer politischer Verband aus den anonymen Mitgliedern einer Kultur bestehen muß, in einer Agrargesellschaft nur schwer Fuß fassen. Er steht in tiefem Widerspruch zu ihrem Hauptorganisationsprinzip, dem zufolge die Funktion von Kultur darin besteht, Status zu bekunden. Sie ist unbeweglich und anonym und schreibt jedem Mitglied einen festen Stellenwert zu, und dieser Stellenwert wird durch kulturelle Abstufungen unterstrichen. Kulturelle Übereinstimmung in ihrem Inneren stellt kein politisches Band dar; im Gegenteil: oft drücken gerade kulturelle Unterschiede soziale Komplementarität und wechselseitige Abhängigkeit aus. Vor diesem Hintergrund schaffen gerade kulturelle Unterschiede politische Solidarität oder bestärken sie zumindest. Der typische politische Verband im Zeitalter der Agrargesellschaft ist gewöhnlich entweder viel kleiner als der Einflußbereich einer Kultur, so im Fall von Stadtstaaten, Dorfgemeinschaften, einzelnen Stammessegmenten, oder er ist viel größer; man denke nur an kulturell eklektische Großreiche, die ihre Ausdehnung gewiß nicht deswegen einschränken, weil sie an sprachliche oder kulturelle Grenzen stoßen. (Vielmehr stehen sie ihnen vollkommen gleichgültig gegenüber.) Der typische politische Verband des Agrarzeitalters verknüpfte beide Prinzipien miteinander: Subethnische Gemeinschaften wurden von einem transethnischen Imperium überlagert, das sie als lokale Vertretungen benutzte, um beispielsweise Steuern einzutreiben.

Gewalt und Aggression wurden in der Regel *innerhalb* einer Kultur anstatt *zwischen* verschiedenen Kulturen ausgetragen. Streitigkeiten entstanden gewöhnlich zwischen einzelnen Sippen derselben Kultur. Adlige duellierten sich prinzipiell nur mit anderen Adligen. Wenn gewaltsame Konflikte einmal über die Grenzen einer lokalen Gruppe hinausgingen, spielten Kultur oder Sprache überhaupt keine Rolle, selbst dann nicht, wenn ehemalige Sprachgrenzen sich verlagerten. Konfliktlinien innerhalb von Bauernvölkern betreffen meist lokale Rohstoffe, und so gehören die Gegner oft derselben Kultur an. Daß Menschen, die räumlich weit auseinander leben und deren Interessen nicht identisch sind, sich allein aufgrund einer gemeinsamen Sprache plötzlich zusammenfinden sollen, erscheint in der Tat merkwürdig. Diese Vorstellung stammt aus der modernen Gesellschaft und ist in der agrarischen Welt normalerweise nicht vorhanden. Die Marxisten behaupten zwar, der Konflikt spiele sich »in Wirklichkeit« zwischen den Schichten (Klassen) ab, doch das trifft nur gelegentlich und *unter bestimmten Bedingungen* zu (vor allem in teilweise auf Handel ausgerichteten Stadtstaaten, deren hervorragende Literatur das europäische Geschichtsverständnis unverhältnismäßig stark beeinflußt und somit für den Marxismus anfällig gemacht hat). Diese Theorie konnten die Marxisten nur dadurch aufrechterhalten, daß sie ihre eigene »Schlummertheorie« entwarfen. Während Nationalisten von einer »schlummernden« Nation sprechen, bedienen sich die Marxisten desselben Bildes – nur diesmal in bezug auf Klassen. Klassen, die sich ihrer selbst bewußt sind, müssen auch als solche nach außen hin auftreten, damit der stets latente Konflikt für jene sichtbar werden kann, die an ihm beteiligt sein sollen. Wie die Nationalisten sahen sich auch die Marxisten in erster Linie als Erwecker; nur die »schlafende Schöne« war bei ihnen eine andere. Émile Durkheim, der die Unterschiede zwischen Menschen auf ihre soziale Komplementarität zurückführte, betrachtete sie als eher friedensbringend denn konfliktstiftend. Er war der Wahrheit wohl näher als Marx, obwohl er den Fehler beging, die Komplementarität innerhalb fortgeschrittener Agrargesellschaften mit der industrieller Gesellschaften in einen Topf zu werfen.

Tatsächlich läßt sich Geschichte weder auf den Konflikt zwischen Klassen noch zwischen Nationen reduzieren. Schon immer haben sich Menschen bekämpft, verabscheut und getötet, ohne der Frage nach Sprache, Rasse, Ethnizität, Glaube oder Farbe allzuviel Bedeutung beizumessen. Wenn sie einander mordeten oder ausbeuteten, machten sie keine Unterschiede. Klassen- und nationale Konflikte, insbesondere aber die Übertragung von Klassen- und kulturellen Kriterien auf Konflikte und ihr Einfluß auf Lagerbildungen sind Dinge, die sich nur unter ganz bestimmten Bedingungen beobachten lassen, und diese Bedingungen scheinen nur in unserer modernen Welt zu herrschen. Die Bezugnahme auf ein (nennen wir es) abstraktes kategorisches Konfliktprinzip, nämlich die Prämisse, daß die Betroffenen selbst sich mit einer allgemeinen Kategorie (zum Beispiel der »Nation«) identifizieren sollen, ist etwas speziell Modernes. Ansonsten ist der Mensch von Natur aus in seinen Haßgefühlen von jeder Parteilichkeit unabhängig.

All dies heißt jedoch nicht, daß Kultur politisch unbedeutend wäre, selbst wenn sie eher vertikale Statusgrenzen als Gebietsgrenzen anzeigt. Manchmal ist Kultur fast unsichtbar: Einige Berberstämme verweisen beispielsweise auf ihre arabische Ahnengeschichte, die auf den Mittleren Osten und sogar auf Legenden der Bibel und des Koran zurückgeht, ohne daß sie sich je gefragt hätten, warum sich die Einwanderer aus dem Nahen Osten bei ihrer Ankunft in Nordafrika einer völlig neuen Sprachgemeinschaft angeschlossen haben. Die Mythen, die Identität auf Abstammung zurückführen, berücksichtigen einfach nicht, was uns als eine unübersehbare ethnographische

Tatsache erscheint. Wenn sich eine Identität herausbildet, die einer Gruppe einen bestimmten Platz innerhalb eines größeren Zusammenhangs zuweist und die möglicherweise politische Loyalitäten erzeugt oder zumindest ratifiziert, sind Kultur und Sprache fast unsichtbar oder werden zumindest nicht beachtet. Während dies für den Fall Zentralmarokkos zutrifft, ist es interessant zu sehen, daß die sprachlich-kulturelle Grenze zwischen arabischen und Berberdialekten in Südtunesien plötzlich sichtbar wird, wo sie zufällig auch eine religiöse Grenze bedeutet (die Sprache der Berber wird dabei als Zeugnis einer vergangenen Irrlehre betrachtet).

Kultur kann aber auch das Objekt ehrfurchtsvoller Anbetung sein und ist dabei gewiß nicht unsichtbar. Kaum jemand wird leugnen, daß sich die alten Griechen, von einem gewissen kulturellen Chauvinismus geprägt, ihrer kulturellen Einzigartigkeit und Überlegenheit in höchstem Maße bewußt waren. Doch hat sie dies nicht veranlaßt, nach politischer Einheit zu streben. Diese führten erst die mit den Griechen nur weitläufig verwandten Makedonier durch Zwang ein. Manches mag dafür sprechen, die Ursprünge des Nationalismus im alten Israel zu suchen. Dort gab es immerhin einen einzigen und universellen Gott, der – jedenfalls zu jener Zeit – über eine kulturell einzigartige und homogene Klientel verfügte (vgl. C. O'Brien 1988, Kap. 1).

Den tschechischen Nationalismus hat man auf die erste, nämlich die hussitische Reformation im fünfzehnten Jahrhundert zurückgeführt; doch diese These ist bis heute sehr umstritten, nicht zuletzt weil die Grenze zwischen Hussiten und Katholiken nicht mit der Sprachgrenze in Böhmen und Mähren übereinstimmte. Ohne Zweifel können bestimmte soziale Merkmale der agrarischen Welt, wie die bürokratische Zentralisierung, die sowohl im Falle des chinesischen Staates als auch in beiden Hälften des späten Römischen Reiches zu konstatieren sind, zu jener Form kultureller Vereinheitlichung führen, die die Voraussetzung für Nationalismus ist. Auch die bürokratische Zentralisierung, wie sie von den »aufgeklärten« Herrschern des achtzehnten Jahrhunderts eingeführt wurde, trug sicherlich dazu bei, daß dem Nationalismus der Nährboden bereitet wurde (vgl. M. Mann 1992). Genauso mögen religiöse Bewegungen, die wie die Protestanten die Universalisierung der Priesterschaft und den direkten Zugang zu Gott durch die Heilige Schrift propagierten, die Identifikation mit einer Kultur gefördert haben, wenngleich diese ihre Legitimität erst dadurch erwarb, daß sie sich eng mit einer bestimmten Glaubensrichtung und Heilslehre verband. All diese Ausnahmen sind jedoch atypisch und ungeeignet, die allgemeine Tatsache zu widerlegen, daß kulturelle Übereinstimmung in der agrarischen Welt nicht von vornherein ein politisches Band impliziert und daß politische Bande nicht zwangsläufig kulturelle Übereinstimmung voraussetzen. Doch all dies sollte sich eines Tages wandeln.

Die Folgen der Industrialisierung

DIE INDUSTRIELLE WELT, in der wir leben (und dies gilt auch für den in der Industrialisierung begriffenen Teil der Welt), unterscheidet sich deutlich von der agrarischen. Das hängt zunächst einmal damit zusammen, daß die industrielle Zivilisation auf ökonomischem (und wissenschaftlichem) Wachstum beruht und nicht auf einer überlieferten Technologie. Dieses Wachstum kann die Bevölkerungszunahme an Geschwindigkeit übertreffen, und gelegentlich tut es dies auch. So ist es gerade den sozialen Folgen der Industriegesellschaft zuzuschreiben, daß das Bevölkerungswachstum in manchen Fällen bei Null und darunter angelangt ist. Mit anderen Worten: Die industrielle Welt ist keine malthusianisch geprägte Gesellschaft mehr.

Eines der beiden zentralen Prinzipien der industriellen Welt, mit denen man die Legitimität des jeweiligen Herrschaftssystems zu beurteilen pflegt, ist tatsächlich die Frage nach dem ökonomischen Wachstum. (Das andere Prinzip ist der Nationalismus, unser Thema.) Eine Herrschaft wird dann als legitim betrachtet, wenn sie über größere Zeiträume hinweg in der Lage ist, Wachstum zu erzeugen. Wenn ihr dies nicht gelingt, verliert sie ihre Autorität. Was Sidney und Beatrice Webb einst eine »Neue

Zivilisation« nannten, brach mit Schimpf und Schande und ohne den geringsten Impuls von außen, ja sogar ohne jegliche Gewaltanwendung von innen zusammen, weil es offensichtlich kein Wachstum erzielte. So endete der Welt erster und größter kalte Krieg auf eine einzigartig und unerwartet selbstverständliche Weise; er brauchte erst gar nicht in seine heiße Phase einzutreten, um zu enden. Eben das hatte man aus durchaus nachvollziehbaren Gründen befürchtet.

Diese moderne Wachstumsorientierung hat als direkte Folgeerscheinung eine unaufhaltsame soziale Mobilität. Im Lauf der Geschichte, als Gesellschaften stetig größer und komplexer – also »entwickelter« – wurden, wurden sie auch immer weniger egalitär. Dann plötzlich, als wir in das Zeitalter der Moderne eintraten, kehrte sich dieser Trend um, und heute scheinen wir in einem Zeitalter zunehmend egalisierter Lebensbedingungen zu leben. Tocqueville bezeichnete dies gar als den vorrangigen und beherrschenden Trend der europäischen Geschichte seit dem Mittelalter. Wie ist dieser plötzliche Richtungswechsel zu erklären? Hat uns die leuchtende Anziehungskraft des Gleichheitsideals in ihren Bann gezogen?

Wir sind nicht wandlungsfähig, weil wir Verfechter des Gleichheitsprinzips sind, sondern wir sind Verfechter des Gleichheitsprinzips, weil wir wandlungsfähig sind. Diese soziale Wandlungsfähigkeit hat wiederum mit den Bedingungen zu tun, unter denen wir leben. Wachstum bringt Innovation, das heißt neue Techniken mit sich. So entstehen neue Arbeitsfelder, während andere verschwinden. Eine Gesellschaft, die nur durch Wachstum existiert, die ihre Mitglieder dazu verlockt, sich ihr zu fügen, indem sie ihnen eine begründete Aussicht auf eine bessere Zukunft bietet, anstatt wie zu früheren Zeiten Terror und Aberglauben zu verbreiten, kann gar keine stabile Berufsstruktur besitzen. Die Möglichkeit sich mit seiner sozialen Stellung abzufinden, sich mit ihr zu identifizieren, ja sie zu lieben, mag einmal eine gewisse Anziehungskraft besessen haben; doch diese Option besteht heute nicht mehr. Angesichts des rapiden Technologiewandels kann die Berufsstruktur gar nicht beständig sein. Das heißt: Eine moderne Gesellschaft, die auf einem Kasten- oder Besitzsystem beruht, ist gar nicht vorstellbar. Ein einziges Mal hat man so etwas versucht, nämlich in Südafrika. Der Versuch scheiterte kläglich.

Abgesehen von ihrer Instabilität muß eine moderne Berufsstruktur, zumindest in gewissem Maß, meritokratisch sein. Das heißt, sie muß zumindest einen Teil der Posten mit Kandidaten besetzen, die eine entsprechende Begabung oder Qualifikation vorweisen können. Solche qualifikationsabhängigen Posten sind in der Industriegesellschaft wahrscheinlich stärker vertreten als in Agrargesellschaften, obwohl diese Frage meines Wissens bislang nicht dokumentiert ist. Für die Stellung eines mittelalterlichen Grundherrn wären wahrscheinlich keine außergewöhnlichen Fähigkeiten erforderlich. Er mußte gut reiten und befehlen können und außerdem über politisches Geschick verfügen. Daher konnten diese Positionen, vorausgesetzt, der Nachwuchs erhielt eine gewisse Grundausbildung, beliebig besetzt werden, und die Erbfolge war nun einmal das einfachste und gebräuchlichste Kriterium. Indem sie die herrschende Schicht der Krieger zu einem herausragenden erblichen Stand erklärte, distanzierte sich die feudale Gesellschaft vom Gleichheitsprinzip. Mit anderen Worten: Sie bot dem sozialen Wettbewerb keine Chance. Oder, wie Tocqueville es ausdrückte: Die Mitgliedschaft war unbezahlbar.

In der modernen Gesellschaft ist so etwas, sagen wir im Falle von Physikprofessoren, schlicht nicht vorstellbar. (In den Sozial- und Geisteswissenschaften mag sich die Situation anders darstellen.) Mathematisch-physikalische Fähigkeiten sind wahrscheinlich stärker von den Genen abhängig als die Reitkunst (die sich wohl fast jeder körperlich gesunde Mensch bei genügender Ausbildung aneignen kann), und trotzdem sähe sich eine Gesellschaft, die einen Physiklehrerverband in eine Kaste verwandeln würde, ganz schnell internationaler Ächtung ausgesetzt; außerdem würde das eigene Niveau unverzüglich abnehmen.

Innovation und die Berücksichtigung besonderer Begabungen bei einer Vielzahl von Berufen führen dazu, daß sich ursprünglich streng gegliederte Standesgesellschaften in formal egalitäre Gesellschaften verwandeln. Wenn Mitglieder höherer Schichten plötzlich Mitgliedern niederer Schichten unterstellt würden, käme es zu konstanten Reibungen. Da ist es doch bei weitem besser, man beruft sich auf eine Theorie, die von dem Prinzip der Chancengleichheit ausgeht. Alle Menschen sind gleich. Daß sie innerhalb einer bestimmten bürokratischen Hierarchie unterschiedliche Posten besetzen oder unterschiedlich viel Geld auf ihren Bankkonten haben, hat nichts oder jedenfalls wenig damit zu tun, wer sie sind. Es macht sie nicht zu anderen Menschen. Niemand kann sich außerhalb seines Arbeitsplatzes auf seinen professionellen Status berufen. Status gilt sozusagen nur während der Bürozeiten.

Die moderne Gesellschaft ist natürlich nicht in dem Sinne egalitär, daß sie von enormen Unterschieden in bezug auf Reichtum und Macht frei wäre. Sie ist insofern egalitär, als die Unterschiede entlang eines Kontinuums angeordnet sind, so daß nirgendwo ein durch Gesetz, Ritual oder Tradition sanktionierter Bruch besteht. Die Unterschiede sind nicht von vornherein definiert oder gar selbstverständlich. Wo neue Klüfte zwischen Gruppen zu entstehen drohen, wird dies oft als Skandal betrachtet, der in Widerspruch zu den Grundprinzipien der Gesellschaft steht. In anderen Fällen glaubt man stark an den Grundsatz sozialer Mobilität, und in gewissem Maß entspricht dies auch der Wirklichkeit.

Mobilität und Anonymität sind zentrale Kennzeichen der modernen Gesellschaft. Anstatt in erster Linie zu einer bestimmten Subgruppe zu gehören, stehen ihre Mitglieder in einem direkten Verhältnis zur Gesellschaft insgesamt, ohne irgendeinen Mittler. Verbände spielen zwar eine wichtige Rolle, sind aber dennoch vorübergehende und freiwillige Erscheinungen ohne gesetzliche Machtbefugnisse über ihre Mitglieder. Zugehörigkeit wird nicht durch Geburt diktiert oder durch ein ehrfurchtsvolles Ritual bekräftigt. Auch werden ihre Mitglieder nicht zu irreversiblen Loyalitäten verpflichtet.

Zu diesen Merkmalen der modernen Gesellschaft – Anonymität, Mobilität und Atomisierung – tritt eine weitere, wichtigere Eigenschaft: der semantische Charakter der Arbeit. In der agrarischen Welt arbeiteten die meisten Menschen mit ihrer Muskelkraft. In der Industriegesellschaft dagegen ist physische Arbeit weitgehend reduziert. Für die menschliche Muskelkraft gibt es schlicht keinen Markt. Was oft als Handarbeit bezeichnet wird, setzt gewöhnlich die Fähigkeit voraus, Handbücher oder Bedienungsanleitungen zu lesen. Der Automechaniker etwa, der möglicherweise einen niedrigeren sozialen Status besitzt, weil er sich bei seiner Arbeit die Hände schmutzig macht, wird nicht für den Gebrauch seiner physischen Stärke bezahlt, sondern dafür, daß er eine einigermaßen komplexe Maschinerie versteht. Kurz gesagt: Was auf den ersten Blick als physische Arbeit erscheint, setzt voraus, daß man lesen kann und einen gewissen Grad an Bildung besitzt, der die Anforderungen an einen Gelehrten des Agrarzeitalters oft übersteigt.

Arbeit, die einen semantischen Charakter besitzt, erfordert die Manipulation von Botschaften und den Kontakt mit einer großen Anzahl anonymer, oft unsichtbarer (Kommunikations-) Partner am anderen Ende von Telefonen, Faxgeräten et cetera. Die Anonymität und Unsichtbarkeit dieser Partner hat für die Kommunikation bedeutende Konsequenzen. Die Bestimmung eines Sinnzusammenhangs ergibt sich nicht mehr aus dem konkreten Kontext. In der beständigen, persönlichen und eingeschränkten Kommunikation agrarischer Subgemeinschaften war die Frage nach dem Kontext – dem Status der Teilnehmer, ihrem Tonfall, ihrem Ausdruck, ihrer Körperhaltung – wahrscheinlich der wichtigste Faktor für die Bestimmung eines Sinnzusammenhangs. Der unmittelbare Kontext war sozusagen das Hauptphonem. Nur eine kleine Zahl von Spezialisten wie Anwälte, Theologen oder Bürokraten waren in der Lage, gewillt und berechtigt, an kontextunabhängiger Kommunikation teilzunehmen. Für alle anderen war der jeweilige Kontext der einzige Bezugspunkt. Heutzutage findet ein großer Teil des Kommunikationsprozesses, der das Arbeitsleben vieler bestimmt, kontextunabhängig statt.

Die Fähigkeit, kontextunabhängige Botschaften zu artikulieren und zu verstehen, wird uns nicht in die Wiege gelegt. Sie erfordert eine angemessen lange Schulausbildung. Und die moderne Gesellschaft fordert angesichts dieses semantischen Charakters der Arbeit von *jedem*, daß er diese Fähigkeit besitzt. Es ist die erste Gesellschaftsform in der Geschichte, in der praktisch von jedem erwartet wird, daß er lesen und schreiben kann; anders ausgedrückt: es ist die erste Gesellschaft, die auf Kosten der Volkskultur gänzlich von einer Hochkultur geprägt ist. Doch dies läßt sich nicht, wie einige Bildungsfanatiker vielleicht glauben, darauf zurückführen, daß alle Menschen plötzlich wie durch ein Wunder den feinen Lustbarkeiten des Geistes verfallen wären. Es hat vielmehr mit der Art und Weise zu tun, wie unsere Gesellschaft funktioniert. Heutzutage ist die Fähigkeit zu präziser Artikulation, durch die eine Botschaft allein aus ihrem eigenen internen Potential einen Sinnzusammenhang übermitteln kann, ohne auf den konkreten Kontext angewiesen zu sein, im Gegensatz zu früher, als nur wenige spezialisierte Schriftgelehrte sie beherrschten, eine Grundvoraussetzung für eine Anstellung und überhaupt für gesellschaftliche Partizipation. Dazu kommt, daß sich Kommunikation nicht irgendeines »hohen« sprachlichen (beispielsweise eines kodifizierten, schriftgebundenen oder durch Erziehung vermittelten) Codes bedient, sondern einem ganz bestimmten Code unterliegt, sei es Chinesisch oder Oxford-Englisch.

So wie man in der Agrargesellschaft kulturelle Vielfalt und eine nach »ethnischen« Gesichtspunkten organisierte Arbeitsteilung anstrebte (eine Vorstellung, die uns so fremd und exzentrisch anmutete), beruht der Nationalismus auf der Anschauung, daß der legitime politische Verband durch kulturelle Homogenität gekennzeichnet ist und daß die Beherrschung einer allgemein akzeptierten (von den jeweiligen Bürokratien festgelegten) Hochkultur die notwendige Voraussetzung politischer, ökonomischer und sozialer Staatsbürgerschaft darstellt. Wer diese Bedingung erfüllt, darf sich des *droit de cité* erfreuen. Wer sie nicht erfüllt, muß sich mit einem zweitklassigen und untergeordneten Status begnügen; er kann sich anpassen, auswandern oder versuchen, seine Situation durch irredentistisch-nationalistische Aktivitäten zu verändern. Die Doktrin wäre unter anderen sozialen Bedingungen gar nicht wirksam, denn sie ist eben kein unauflöslicher Bestandteil der menschlichen Psyche beziehungsweise der gesellschaftlichen Ordnung. Sie ist weder eine ideologische Erfindung noch ein politisches Mittel im Dienste anderer Interessen; noch ist sie Ausdruck dunkler atavistischer Kräfte. Und dennoch ist sie unter den Bedingungen, die unsere soziale Welt prägen, in mächtiger Weise wirksam. Sie hat die Herzen und Köpfe von Menschen fest im Griff, und die, die sich ihrem Einfluß öffnen, ohne die treibende Kraft hinter ihr zu kennen, können sie nicht entschleiern.

Wie viele Schmelztiegel wird es in Zukunft geben?

BISHER WURDEN ZWEI Modelle beziehungsweise Idealtypen vorgestellt: Einerseits die agrarische Variante einer Gesellschaftsordnung, in der kulturelle Unterschiede und Abstufungen ein komplexes Rangsystem untermauern, jedoch nicht die Grenzen eines Gemeinwesens definieren; andererseits eine Gesellschaftsordnung, in der eine sozial mobile anonyme Masse an derselben »Hochkultur« teilnimmt, ohne durch interne Abstufungen voneinander getrennt zu sein, aber sich gleichzeitig stark mit den politisch definierten Grenzen ihres Gemeinwesens identifiziert. In der Tat sind dies die beiden Grundtypen gesellschaftlicher Ordnung.

An dieser Stelle könnte man berechtigterweise fragen: Wenn der Übergang von einer Gesellschaftsordnung zur anderen für unser Zeitalter von so großer Bedeutung ist, warum geht das vielfarbige Strickmuster agrarischer Komplexität nicht gleich in eine einzige homogene Weltkultur über? Theoretisch betrachtet wäre eine derartige Entwicklung nicht nur vorstellbar, sondern eine ganz natürliche, ja die wahrscheinlichste Folgeerscheinung. Und dies ist nicht nur eine Hypothese. Viele scharfsinnige Kommentatoren der »Großen Transformation«

von der Agrar- zur Industriegesellschaft haben genau das vorhergesagt. In diesem Punkt waren sich selbst Liberale und Marxisten einig, zumindest in ihrer allgemeinen Einschätzung der Situation. Beide Seiten haben ihre Thesen in ein Rahmenwerk gekleidet, das sich als eine Art Syllogismus darstellen läßt:

1. Ethnische Feindseligkeit und Separatismus setzen kulturelle Unterschiede voraus, denn wie sonst könnten ethnische Gruppen beziehungsweise »Nationen« sich selbst überhaupt wahrnehmen und von ihren Feinden unterscheiden?
2. Durch die soziale Organisation der industriellen Welt werden kulturelle Unterschiede verwischt.
3. Deshalb schwindet mit dem Fortschreiten der Industrialisierung auch die Basis des Nationalismus.
4. Also bedeutet der Fortschritt der Industrialisierung den Untergang des Nationalismus.

Diese Argumentation leuchtet ein. Ihre Prämissen treffen zu. Wie kommt es aber, daß eine Hypothese, die auf zutreffenden Prämissen basiert, von der geschichtlichen Wirklichkeit so total widerlegt scheint?

Obwohl das formale Gerüst der Argumentation in beiden Lagern identisch ist, sind sich Liberale und Marxisten in den Detailfragen uneinig. Wir haben es mit zwei unterschiedlichen Schmelztiegel-Modellen zu tun. Die Liberalen setzen ihre Hoffnung auf den Markt und einen uneingeschränkten Individualismus: Eine Arbeitsteilung auf internationaler Ebene, die allen gleichermaßen nütze, bewirke einen allgemeinen Aufschwung, in dem der einzelne seine selbst gewählten Ziele verfolge; der Mechanismus des Marktes garantiere, daß das Streben nach privatem Wohlstand für die Gesamtheit von Vorteil sei. Der einzelne erreiche seine private Erfüllung durch unpersönliche Kooperation innerhalb einer ökonomisch freien Gesellschaft und verspüre dabei weder das Bedürfnis noch die Neigung, die

Gesellschaft insgesamt oder eine ethnische Subgesellschaft zu fetischisieren. Im Gegenteil: Seine Sicht der gemeinsamen politischen Infrastruktur sei von gesunder Nüchternheit; sie sei eine zweckmäßige Angelegenheit und nicht Objekt der Anbetung für ihn. In einer aufgeklärten Welt werde es keinen Glauben an ein Königreich von Gottes Gnaden mehr geben!

Jener Schmelztiegel, den der Marxismus beschreibt, eröffnet nicht ganz so rosige Aussichten, zumindest nicht auf kurze Sicht. Die durch den Markt bedingte Harmonie von Interessen sei nichts als Illusion; hinter ihr verberge sich ein tiefer, unauflöslicher Interessenkonflikt. Die gemeinsame politische Infrastruktur sei nur auf den ersten Blick neutral, in Wirklichkeit jedoch von vornherein allein auf die Vorteile einer zahlenmäßig kleinen gesellschaftlichen Gruppe ausgerichtet. Ihr wahres Ziel sei die politische Unterwerfung der benachteiligten Mehrheit. Trotz dieses schreckenerregenden Szenarios sei der Internationalismus auf dem Vormarsch, und diese Entwicklung sei vielleicht gerade deshalb so unaufhaltsam, weil sie nicht aus allgemeinem Wohlstand, sondern vielmehr aus einer allgemeinen und totalen Unterjochung folge. Ein Proletariat, das nicht einer einzigen Nation angehöre, sondern von vornherein international sei, werde nicht nur aller über ein bestimmtes Minimum hinausgehenden materiellen Vorzüge, sondern auch und vor allem seiner eigenen Kultur beraubt, weshalb eine echte Eingliederung in die Gesellschaft unmöglich sei. Die Arbeiterklasse sei nicht nur das Rohmaterial des Menschen, sondern in erster Linie die Menschheit schlechthin. Insofern sei es die historische Aufgabe der Arbeiterklasse, die Menschheit zu ihrer eigentlichen Bestimmung, ihrem »Gattungswesen« zu führen. Marx bediente sich dieses kuriosen aristotelischen Begriffs, um seine moralische Vorstellung von kommunistischen Menschen zu untermauern und zu bekräftigen. Eine Gesellschaftsordnung nach dem kommunistischen Modell sei nicht allein deshalb gültig, weil sie sich ohnehin einmal durchsetzen würde, sondern weil sie gewährleiste, daß der wahre Mensch in jedem von uns endlich befreit werde, nachdem er viele Jahrhunderte lang in klassengebundenen Sozialstrukturen gefangen gewesen sei.

Aus den Erfahrungen der Geschichte wissen wir, so sicher wie wir überhaupt etwas wissen können, daß keine dieser beiden Sichtweisen zutrifft. Kriege hat es im zwanzigsten Jahrhundert trotz des stetig wachsenden internationalen Handels immer wieder gegeben; wenn nach 1945 keine großen Kriege mehr stattgefunden haben, dann nicht etwa aufgrund des GATT-Abkommens, sondern vielmehr, weil sich jeder von jedem gleichermaßen bedroht fühlte. Die Behauptung, innerhalb der Arbeiterklasse könne kein Nationalismus entstehen, ist ebenfalls purer Unfug.

Wir wissen, daß die These eines einzigen großen Schmelztiegels sowohl in ihrer liberalen wie der marxistischen Ausprägung falsch ist, aber es wäre doch interessant zu wissen, *warum* sie falsch ist. Immerhin erschien sie zunächst sehr plausibel. Auf den ersten Blick scheint an dem Syllogismus, der den Untergang des Nationalismus prognostiziert, alles zu stimmen. Was nun?

In der agrarischen Welt bestehen viele kulturelle Abstufungen: Sie gleichen Regentropfen in einem Sturm, die man nicht zählen kann. Aber wenn sie alle auf den Boden fallen, fließen sie nicht etwa zu einer großen Pfütze zusammen, wie es beide Lager dieser universalistisch-internationalistischen Theorie erwartet hätten, noch bleiben sie getrennt; tatsächlich bilden sie eine Reihe von größeren Pfützen, die nicht an einer Vereinigung interessiert sind. Der von den Internationalisten prognostizierte Zusammenfluß, die Auflösung der Pluralität findet tatsächlich statt, doch er hinterläßt nicht etwa eine einzige große, sondern eine Reihe kleinerer Kulturpfützen. Wie ist dies zu erklären?

Vielleicht hat es sich schlicht zufällig so entwickelt; die modernen Bedingungen stellen zwar eine höchst ungünstige Voraussetzung für die Bewahrung lokaler Eigenart dar, und hierin teile ich die Ansicht der Internationalisten, dennoch wird die neue Homogenität an verschiedenen ausgewählten Anziehungspunkten in Erscheinung treten, die, um bei unserer Metapher zu bleiben, mit Vertiefungen im Boden vergleichbar sind, und diese Vertiefungen können durch hohe Furchen voneinander getrennt sein. Wenn wir von dem unwahrscheinlichsten Fall einer vollkommen flachen und ebenmäßigen Oberfläche einmal absehen, wird sich nicht etwa ein einziges großes Becken bilden, sondern mehrere kleine, und zwar dort, wo »Vertiefungen« eine gewisse Anziehungskraft ausüben. Damit sind solche Kulturen gemeint, die bereits eine Schrift und bestimmte kodifizierte Normen besitzen und zur Nachahmung einladen. Sie sind in der Lage, vorher ortsgebundene kulturelle Muster zu absorbieren, entweder weil sie ihnen gegenüber eine bestimmte Affinität besitzen oder weil sie ihre eigene Überlegenheit und Autorität überzeugend zur Geltung bringen.

Dieser Prozeß, bei dem ehemals voneinander getrennte kulturelle Modelle auf einmal nicht in ein einziges, sondern in eine Reihe neuer kultureller Becken strömen, kam zwar zunächst rein zufällig in Gang; er wurde allerdings durch einen weiteren gewichtigen Umstand begünstigt. Die Flutwelle der Industrialisierung und Modernisierung, aber auch die sozialen Umwälzungen, die diese vor sich hertreibt, treffen nicht alle Erdteile gleichzeitig. Im Gegenteil: Die Industrialisierung dehnt sich sowohl räumlich als auch zeitlich nur sehr unregelmäßig aus, das heißt, die verschiedenen Bereiche einer sozialen Struktur treten zu unterschiedlichen Zeitpunkten mit ihr in Kontakt. Wie empfindlich man jeweils auf die neue Ordnung reagiert, inwieweit man sich auf ihre Vorzüge und Gefahren einstellen kann, hängt davon ab, wo sich dieser Vorgang abspielt, welches Kommunikationsnetz zum gegebenen Zeitpunkt besteht oder welche ökonomischen Möglichkeiten gegeben sind. Es hängt also von einer Reihe von Faktoren ab, die auf verschiedene Weise und mit unterschiedlichem Zeitaufwand wirksam sind. Modernisierung breitet sich nur allmählich aus, und diejenigen, die von ihr profitieren, werden zu einem anderen Zeitpunkt mit ihr konfrontiert als diejenigen, deren Situation sie verschlechtert.

Häufig entstehen zwischen denen, die frühzeitig in die neue Ordnung der industrialisierten Gesellschaft eingetreten sind, und nachfolgenden Gruppen tiefe Interessenkonflikte. Wenn solche Nachzügler feststellen, daß die neue Ordnung einer anderen Gruppe, die die verbotene Frucht schon gekostet und sich zunutze gemacht hat, bereits eine privilegierte Stellung zugewiesen hat, sind erstere von vornherein mit einer gewissen Ohnmacht geschlagen. Sollte es ihnen jedoch gelingen, sich von ihren Unterdrückern kulturell zu unterscheiden, ist es für sie von großem Vorteil, wenn sie sich bei geeigneter Gelegenheit von ihnen politisch abspalten und das Projekt der Modernisierung unter eigener Flagge, das heißt im Rahmen eines eigenen souveränen Staates, fortsetzen. Nur so können sie sich vor der bedrohlichen Konkurrenz seitens der überlegenen Gruppe schützen. Hier wird der eigene Dialekt zur Landessprache, die man mit Stolz spricht, anstatt sich seiner als Merkmal von bäuerischer Zurückgebliebenheit zu schämen. In dem neuen Verband werden Intellektuelle, die dieser neu entstandenen »Nation« angehören, ihrerseits alle bedeutenden Posten für sich beanspruchen, ohne mit der ihnen zahlenmäßig überlegenen Gruppe von Intellektuellen konkurrieren zu müssen, von der sie ursprünglich dominiert wurden.

Dies ist in der Tat eine der verbreitetsten und typischsten Formen des Nationalismus. Auch der deutsche Nationalismus entsprang diesem Geist, nicht allein als Protektionismus ländlicher Kulturen à la Herder, sondern auch als Schutz der neugeborenen Industrien und eines neuen Bürgertums im Sinne Friedrich Lists. Karl Marx glaubte, die deutsche Bourgeoisie könnte die Briten oder Franzosen nicht einholen; sie sollte statt dessen ein Stadium überspringen und unter seiner Führung direkt zur Revolution, zur nächsten Ebene sozialer Entwicklung voranschreiten. Friedrich List dachte das Gegenteil, und schließlich entschied man sich für seinen Kurs. Er war nicht nur »listig«, sondern behielt zuletzt auch Recht, wie Roman Szporluk (1988) voller Bewunderung anmerkt.

An Sezession und der Schaffung einer Nation, die nach einem eigenen Staat strebt und eine neue Hochkultur definiert, sind jedoch nicht nur vom Fortschritt benachteiligte Gruppen interessiert. Städtische Gemeinschaften, die in ökonomischer Hinsicht sowie in bezug auf Bildungschancen privilegiert sind, können unter der alten Ordnung überleben, da sie normalerweise von der politischen Protektion profitieren. Der Monarch ist glücklich, wenn er die wirtschaftliche Macht in den Händen einer auserlesenen und abgeschirmten urbanen Gruppe konzentriert sieht, von deren Seite keine politischen Ambitionen zu befürchten sind und die keine militärische Schlagkraft besitzt; in solchen Händen ist Reichtum weitaus weniger gefährlich für ihn, als bei Männern mit einer ländlichen Anhängerschaft, die an den Waffengebrauch gewöhnt ist. Doch mit der modernen Ordnung kommt dieser Protektionismus ins Wanken. Die Sonderstellung privilegierter Schichten kann kaum noch aufrechterhalten und verteidigt werden, während sich der Großteil des gemeinen Volkes nicht mehr damit abfindet, auf dem Land zu bleiben und sich vom Handel fernzuhalten. Ihr Neid und ihre Frustration lassen sich am ehesten dadurch lindem, daß man der ehemals begünstigten Minderheit das Monopol in bestimmten Bereichen entzieht und die Protektion aufhebt. Obwohl also die gewerbetreibenden, lese- und schreibkundigen städtischen Schichten die besten Voraussetzungen mitbringen, von den Folgen der Modernisierung zu profitieren, sind gerade sie wegen ihrer Stellung oft politisch stark gefährdet. Sie sind geradezu prädestiniert für »ethnische Säuberungen«. Aus diesem Grund haben auch sie ein starkes Interesse an der Gründung eines eigenen politisch-territorialen Verbandes, in dem sie sich sicher fühlen können. Wenn das hierfür erforderliche Stück Land nicht zur Verfügung steht, mag dies die Situation erschweren, aber die Bereitschaft zur Abspaltung bleibt bestehen, bis sich irgendwann eine günstige Gelegenheit bietet.

Kurzum: Es spricht viel dafür, daß durch die Industrialisierung ein Prozeß in Gang gesetzt wurde, an dessen Ende keine universelle Kultur, sondern mehrere Kulturen stehen. Dazu trägt vor allem die ungleiche Verteilung von Land und der starke Überlebenswille großer kultureller Gruppen bei (zumal diese oft über eine eigene Schrift sowie die für den Fortbestand ihrer Hochkultur erforderlichen Institutionen verfügen). Grundsätzlich ist vorstellbar, daß es irgendwann einmal eine einzige Universalkultur geben könnte; das wird die Zukunft zeigen. Aber vorläufig ist zu beobachten, daß eine enorme Vielfalt an Kulturen zunehmend von einigen wenigen Hochkulturen mit politischen Ansprüchen abgelöst wird. Dies ist das Zeitalter des Nationalismus. Vielleicht haben wir nicht mit ihm gerechnet, aber der Blick auf die Geschichte hilft uns, es zu verstehen.

Die Übergangsstadien

Wir haben uns soeben mit zwei extremen und einfachen Idealtypen gesellschaftlicher Ordnung beschäftigt, von denen einer zu Nationalismus neigt, während der andere sich von ihm abwendet. Die beiden Gesellschaftstypen könnten kaum unterschiedlicher sein. Es ist schwer, sich einen direkten und unverzüglichen Übergang von der alten Form zur neuen vorzustellen. Vor diesem Hintergrund stellt sich die Frage nach den Zwischenstadien, die eine bestimmte Gesellschaft auf dem Weg zu einer anderen Form zwangsläufig durchlaufen muß.

Natürlich werden es nicht immer und überall dieselben Stadien sein. Trotzdem ist es vielleicht hilfreich, am Beispiel der mitteleuropäischen Geschichte zunächst eine Reihe von Übergangsstadien zu konstruieren, um in einem zweiten Schritt zu untersuchen, inwiefern sich dieses Muster durch die jeweiligen äußeren Bedingungen verändert hat. Die Geschichte Mittel- und Mittelosteuropas bietet sich schon deshalb als Ausgangspunkt an, weil hier ein politisches System, das anfangs überhaupt nicht national geprägt war, allmählich zum geradezu idealen Beispiel eines national geprägten Systems mutierte. Ursprünglich basierte die politische Organisation Mittel- und Osteuropas auf Dynastien, Religionen und territorialen Institutionen anstatt auf Sprache und der dazugehörigen Kultur, aber sie verwandelte sich schließlich in ihr Gegenteil – in einigen Fällen entstanden Verbände, die ganz im Sinne eines nationalistischen politischen Imperativs einer erschreckend gründlichen »ethnischen Säuberung« unterzogen wurden. Wie ist dieser Übergang von einer pränationalistischen zu einer durch und durch nationalistisch geprägten Gesellschaft zu erklären?

Erstes Stadium: Die Wiener Situation

Das erste Stadium ist am besten als »Wiener Situation« zu bezeichnen, weil der in dieser Stadt abgehaltene Kongreß dazu beitragen sollte, die Aufteilung Europas nach den Napoleonischen Kriegen zu regeln. Die Wiener Friedensstifter und Gestalter der politischen Landkarte vollbrachten ihr Werk, ohne auch nur im geringsten ethnische Gesichtspunkte zu beachten. Metternich, Talleyrand und Castlereagh versäumten es, die Sprach- und Kulturgrenzen Europas untersuchen zu lassen, um die Empfindlichkeiten der Bauern soweit wie möglich zu schonen, als man sie den verschiedenen Herrschern zuteilen mußte. Derlei kam den drei Staatsmännern nicht in den Sinn, genausowenig wie den armen Bauern. Man hatte andere Dinge zu bedenken, zum Beispiel dynastische und konfessionelle Interessen, das Mächtegleichgewicht, traditionelle Institutionen, Rechte und Privilegien, vielleicht sogar die territoriale Kontinuität und Geschlossenheit. Aber die Sprache von Bauern als Prüfstein politischer Legitimität oder künftiger Gebietsgrenzen zu nehmen – das war in der Tat undenkbar. Über einen derartigen Vorschlag hätte man wahrscheinlich nur gelacht.

So gingen Castlereagh, Talleyrand und Metternich an ihr Werk, als hätte sich die Welt seit etwa 1789 nicht sonderlich verändert, oder zumindest so, als sei die Uhr zurückgedreht worden. Von seiten der zahllosen Volksgruppen unter den osteuropäischen »Ruritaniern« erhob sich dagegen keinerlei Protest, mit dem Ergebnis, daß ihre heiligen Rechte verletzt, ihr Vaterland auseinandergerissen und geschändet wurde. Die Ruritanier hatten noch kein Selbstbewußtsein entwickelt, sie dämmerten noch im politischen Halbschlaf dahin; vielleicht waren sie tatsächlich im Begriff, eine Nation zu werden, aber sie besaßen noch keine nationale Identität. Gerade mal die Polen protestierten ein wenig, die im nationalistischen Wettlauf weit vorne lagen; trotzdem wurde das Vorgehen der Kongreßteilnehmer alles in allem als unausweichlich akzeptiert, nicht nur weil sie die Macht hinter sich hatten, sondern weil man die Entwicklung anscheinend doch irgendwie als natürlich empfand. Es gab einfach keinen Nationalismus, der sein Haupt erhoben oder Anstalten gemacht hätte, die Beschlüsse der politischen Führer Europas in Zweifel zu ziehen. Über Talleyrands neue bourbonische Herren wurde gesagt, sie hätten nichts vergessen, aber auch nichts dazugelernt. Es wäre jedoch ungerecht, dies von den Restauratoren Europas selbst zu behaupten, denn sie hatten durchaus etwas gelernt: Sie hatten ein Gespür dafür entwickelt, wie man ein Land nach rationalen Gesichtspunkten organisiert und regiert. Ein Ziel war es, die Trennung von Herrschaftsgebieten zu vermeiden, und so verzichteten beispielsweise die Habsburger bereitwillig auf ihre weit entfernten Besitztümer in den Niederlanden, um dafür mit Gebieten in Oberitalien entschädigt zu werden, die näher an ihrer Wiener Residenz lagen. Auf Osteuropa wirkte sich der Wiener Kongreß verhältnismäßig geringfügig aus; es wurde fein säuberlich unter den Romanows, den Habsburgern und den Osmanen aufgeteilt.

Doch das Gesicht der Welt hatte sich verändert, ob es einem gefiel oder nicht. Die Herrscher selbst trugen wesentlich dazu bei und trieben gerade solche Veränderungen voran, durch die ihr Reichtum und ihre Macht vergrößert wurden. Ganz in der Tradition des aufgeklärten Absolutismus vor Napoleon rationalisierten sie die Verwaltung und legten großen Wert auf den Ausbau des Bildungswesens. Eine zentralisierte und geordnete Bürokratie, die allgemeine Regeln aufstellte und von ihrem Zentrum aus mittels ihrer lokalen Machtbefugnisse Beamte *bestimmte*, und nicht wie ein osmanischer Pascha *erwählte*, benötigte eine Sprache, die überall im Reich verstanden wurde. Das ethnisch neutrale Latein wurde allmählich von der deutschen Sprache abgelöst, wodurch ethnische Unterschiede relevant wurden. Schon das mußte, obgleich die von dieser neuen Bürokratie beherrschte Gesellschaft sich selbst nicht verändert hatte, mehr oder weniger nationalistische Folgen nach sich ziehen; wenn eine Bürokratie tief in das Innenleben einer Gesellschaft eindringt und eingreift, indem sie eine einheitliche Landessprache einführt, so ist die Wahl dieser Sprache für die Bevölkerung existentiell wichtig. Sie bestimmt die Lebensperspektiven von Individuen, gleichgültig, ob diese ihrer mächtig sind oder ob sie überhaupt die Gelegenheit haben, sie zu lernen (vgl. M. Mann 1992). Dazu kommt, daß liberale und protestantische Tugenden zunehmend in Mode kamen, selbst unter solchen Herrschern, die für Liberalismus oder Protestantismus an sich nur wenig Sympathie aufbrachten, und zwar allein deshalb, weil diese Tugenden in politischer und ökonomischer Hinsicht als nützlich galten. Preußen entließ seine Bauern nicht etwa im Namen des reinen Freiheitsideals aus der Leibeigenschaft, sondern weil es befürchtete, wieder eine solche Niederlage wie einst bei Jena und Auerstedt zu erleiden. Deshalb handelte es nach dem Motto: Freie Bauern kämpfen besser als Leibeigene, also entlassen wir unsere Leibeigenen besser in die Freiheit. Zu den ersten, die mit jener protestantischen Arbeitsethik liebäugelten, die später durch Max Webers Religionssoziologie bekannt wurde, gehörten die Stützen der Gegenreformation, die Habsburger. Sie eiferten nämlich der Produktivität der protestantischen

Länder nach und reformierten mit diesem Ziel ihr Bildungssystem.

Zusammenfassend läßt sich sagen, daß das politische System, das 1815 in Wien eingeführt wurde, in seinen Organisationsprinzipien keinerlei Nationalismus kannte. Sardinien konnte gegen Sizilien, die Lombardei gegen Belgien, Norwegen gegen Finnland getauscht werden, ohne je ein Wort über Ethnizität, Sprache oder Kultur zu verlieren. Was hatten diese unwichtigen Dinge schon mit Politik zu tun? Die Betroffenen beziehungsweise Opfer dieser Beschlüsse hätten sich – mit der entsprechenden Eloquenz ausgestattet – vermutlich ähnlich ausgedrückt wie Elie Kedourie, der am Ende seines Buches über Nationalismus schreibt:

»Das einzige Kriterium, das allgemeine Gültigkeit beanspruchen darf, ist die Frage, ob die neuen Herrscher weniger korrupt und eigennützig bzw. gerechter und verständnisvoller sind oder ob sich im Grunde überhaupt nichts geändert hat, außer daß sich Korruption, Habsucht und Unterdrückung nun gegen andere Opfer richten als unter der beseitigten Regierung.« (E. Kedourie 1971, S. 145)

Und dennoch waren bereits zu diesem Zeitpunkt, wenn nicht schon seit viel längerer Zeit, Kräfte am Werk, die ein derartiges System irgendwann in Frage stellen würden. Die Schlange »Nationalismus« mag zu diesem Zeitpunkt noch unsichtbar gewesen sein, aber sie hatte sich bereits eingeschlichen.

Zweites Stadium:
Das Zeitalter des Irredentismus

Die Phase, in der sich die Schlange unauffällig im Garten versteckt hielt, sollte nicht sehr lange dauern. Die erste nationalistische Rebellion brach nur wenige Jahre nach dem Wiener Kongreß aus.

Gemeint ist der griechische Befreiungskrieg, der – das soll nicht geleugnet werden – gewisse Züge aufweist, die im Hinblick auf meine Theorie problematisch erscheinen. Diese verbindet ja Nationalismus mit Industrialisierung, aber Athen oder Nauplia (die erste Hauptstadt des unabhängig gewordenen Griechenlands) boten im frühen neunzehnten Jahrhundert nur wenig Ähnlichkeit mit dem Manchester von Friedrich Engels, und der Peloponnes glich kaum den Tälern Lancashires. William Blake hätte im manchmal grünen, meist jedoch dürren und steinigen Hellas wohl keine satanischen Mühlen gefunden. Und was uns wohl am meisten beunruhigen sollte: Der erste griechische Aufstand fand in einer Gegend statt, die niemals griechischer Boden war, weder im Altertum noch später. Heute gehört sie zu Rumänien. Die Griechen stellten hier nie eine ethnische Mehrheit dar, besaßen interessanterweise jedoch gewisse Privilegien und fungierten als mächtige Mittler zwischen der Bevölkerung und ihren moslemischen Herren. Tatsächlich spricht einiges dafür, daß die erste nationale Bewegung in Griechenland gerade nicht nach einem homogenen Nationalstaat im modernen Sinne strebte, sondern vielmehr die Hierarchie im damaligen Osmanischen Reich beseitigen wollte. Ihr Ziel war es, die Uhr zurückzustellen und das Osmanische Reich durch ein neues Byzantinisches Reich zu ersetzen.

Angesichts der industriellen und gesellschaftlichen Rückständigkeit des Balkans stellt der Nationalismus nicht nur in Griechenland, sondern auf dem Balkan insgesamt im Hinblick auf meine Theorie grundsätzlich ein gewisses Problem dar. Dazu kann man sagen, daß sich auf dem Balkan zwei verschiedene Phänomene überlagerten. Eines davon sind jene typischen Unruhen, etwa in den an Wüsten oder Gebirge grenzenden Randgebieten eines Großreichs, wo örtliche Gruppen oder Anführer den verhältnismäßig schwächeren Einfluß des Herrschaftszentrums häufig dazu nutzten, um sich unabhängig zu machen. Dies war in der Agrargesellschaft völlig normal. Auf dem Balkan kam hinzu, daß die Oberherren zumeist Moslems, die am Rand des Reiches lebenden Völker dagegen zumeist Christen waren. Diese »zufälligen«, sich überlagernden Umstände mußten in den Randgebieten eines solchen Reiches Aufstände auslösen, die von Angehörigen umherziehender Horden und Rebellenbanden inszeniert wurden und mit einem gewissen doktrinären beziehungsweise ideologischen Gehalt angereichert wurden: Es handelte sich ja nicht nur um Aufrührer, sondern um Menschen mit einem anderen Glauben und damit auch einer anderen Kultur. Wenn nun aber der Kampf plötzlich nicht mehr nur um Macht und Vorteile geführt wird, sondern auch zwischen verschiedenen *Typen* von Menschen, dann ist Nationalismus untrüglich auf dem Vormarsch. Hinzu kommt, daß der christliche Glaube, der die Balkanvölker mehr oder weniger mit Westeuropa verband, als eine Art Brücke fungiert: Da sowohl die Aufklärung als auch die ihr folgende Epoche der Romantik innerhalb der Christenheit sozusagen als Irrlehren galten, bestand für die Christengemeinschaft auf dem Balkan im Gegensatz zu den Moslems die große Gefahr der Ansteckung. Die Moslems hingegen schienen aufgrund ihres sicheren Gefühls der Überlegenheit gegenüber den Christen für neue Strömungen innerhalb des Christentums weitaus weniger anfällig. Westliche Artillerietechnik übernahmen sie bereitwillig, nicht aber die damit verbundenen mathematischen und philosophischen Lehren: Sie hätten Descartes als Offizier womöglich respektiert, aber den Philosophen Descartes überhaupt nicht beachtet.

Die Verbreitung antichristlicher Irrlehren durch das Christentum selbst muß man berücksichtigen, wenn man erklären will, warum Aufständische auf dem Balkan – anders als beispielsweise die Berber in einem anderen moslemischen Großreich – nicht einfach nur Rebellen, sondern auch Nationalisten waren. Diese Brückenfunktion des christlichen Glaubens erklärt teilweise auch, daß der Modernisierungsprozeß der Romanows rascher verlief als jener der Osmanen. Es entstand hier eine Art messianische Intelligenzia, deren Heilspolitik sich im Jahre 1917 als trügerischer Irrweg herausstellte. Dieses Schicksal blieb der Türkei insofern erspart, als die »Jungtürken« in bezug auf staatliche Macht Pragmatiker waren und keine heilstrunkenen Messianisten. Räuberische Rebellen in den Gebirgsgegenden des Balkans, die sich der Tatsache, daß sie sich von ihren Gegnern kulturell unterschieden, zunehmend bewußt wurden und sich außerdem durch den Glauben beziehungsweise den Glaubensverlust mit einer neuen mächtigen Zivilisation verbunden fühlten, wurden so zu ideologischen Banditen, mit anderen Worten: zu Nationalisten. Ich will nicht behaupten, man hätte sich in den Schlupfwinkeln der Guerrillagruppen auf dem Balkan für Diderot und Condorcet interessiert; und doch nahmen die Aufständischen und ihre Dichter westliche Ideen, wenn auch indirekt, auf und verbreiteten sie; dies gilt besonders für solche Ideen, die zwar in der Aufklärung wurzelten, später aber von den Romantikern abgewandelt und weitergesponnen worden waren.

Wie auch immer: Ob man die nationalistischen Phänomene auf dem Balkan trotz ihrer besonderen Merkmale nun für geeignet hält, die These, daß Nationalismus eng mit Industrialisierung zusammenhängt, zu untermauern (und davon absieht, daß es im neunzehnten Jahrhundert auf dem Balkan kaum Industriestandorte gab) oder nicht – ansonsten läßt sich der Nationalismus, der den verhältnismäßig langen Frieden zwischen dem Wiener Kongreß und den Schüssen in Sarajevo störte, mit meiner These durchaus vereinbaren. Was aber ist an diesem irredentistischen Zeitalter zwischen dem Wiener Kongreß und dem Versailler Vertrag so besonders?

Wenn wir Italien und Deutschland einmal beiseite lassen (wir werden uns noch mit diesen beiden Ländern beschäftigen), zeigt sich interessanterweise, daß der Nationalismus in politischer Hinsicht kaum je etwas erreicht hat. Die Ungarn konnten ihre Position im Jahre 1867 in der Tat deutlich verbessern, doch für den Großteil der Slawen trifft dies nicht zu. (Innerhalb des Habsburgerreichs konnten selbstverständlich nicht beide, Magyaren *und* Slawen, ihre Ansprüche geltend machen, denn sie ließen sich nicht miteinander vereinbaren.) Tatsächlich existierten 1912 auf dem Balkan mittlerweile fünf oder sechs »Pufferstaaten«, ob nun infolge osmanischer Schwäche oder nationalistischer Stärke; aber insgesamt betrachtet hatte sich das Werk der Wiener Friedensbereiter bis dahin bewährt. Jedenfalls hatte sich an der politischen Karte Osteuropas seit 1815 nicht sehr viel geändert. Dieses wiederhergestellte *Ancien régime* scheint gar nicht so zerbrechlich gewesen zu sein. Es hatte der Zeit standgehalten.

Doch in dramatischem Widerspruch zu seiner bisherigen Unfähigkeit, die politische Landkarte zu verändern, gelang dem Nationalismus zur selben Zeit ein überwältigender Sieg in bezug auf Ideologie und Literatur. Hatte man ihn im Jahre 1815 eher übergangen als offen verschmäht, konnte ihn 1914 niemand mehr ignorieren, und die meisten wunderten sich nicht einmal mehr darüber. Die Illusion von der fundamentalen, natürlichen und unanzweifelbaren Bedeutung nationaler Zugehörigkeit für die Politik hatte sich sehr stark etabliert. Einzelne sahen sich gerne als Internationalisten statt als Nationalisten, doch im Jahre 1914 zeigte sich, wie unpopulär eine solche Haltung geworden war. Und schon 1918 wurde der zentrale Stellenwert des Nationalismus als Prinzip politischer Legitimität in gleichem Maße beachtet, wie man ihn noch 1815 mißachtet hatte. Der moralische Sieg dieser Weltanschauung stand kurz bevor, und nur sehr wenige trauten sich überhaupt noch, sich gegen sie auszusprechen.

Drittes Stadium: Das Zeitalter von Versailles und Wilson

Die nun von allen beachtete Doktrin wurde in Versailles festgeschrieben, allerdings nicht ganz ohne politischen Druck. In Gebieten von derart ethnischer Komplexität wie Osteuropa muß die Anwendung eines solchen Prinzips zu Ungerechtigkeiten führen, weil dort demographische, historische, geographische und andere Umstände einander überlagern. Und wenn man in derartigen Fällen ein Referendum durchführt, so hängt das Ergebnis davon ab, wie die Grenzlinien der einzelnen Wahlbezirke gezogen wurden. Einige der vorgebrachten Prinzipien entbehren nicht einer gewissen Ironie. Man argumentiert etwa nach dem Motto: Die Serben stellen im Kosovo zwar keine Mehrheit dar, aber welcher vernünftig denkende Mensch könnte wohl von ihnen verlangen, den Ort ihres größten nationalen Unglücks zu verlassen?

Die Umsetzung dieser Doktrin hing größtenteils davon ab, wer im Krieg auf wessen Seite gekämpft hatte, aber auch geopolitische Zufälle spielten eine Rolle. Die neue Tschechoslowakei (oder das neuerstandene Böhmen, wie auch immer man die Sache betrachten mag) annektierte von Ungarn Gebiete im großen Stil – bar jeder demographischen oder historischen Rechtfertigung und nur weil die Donau aus strategischer Sicht dem Rhein ähnelt; deshalb glaubte man wohl, ein Stück der pannonischen Tiefebene besitzen zu müssen, um sicherzustellen, daß die internen Kommunikationslinien des neuen Staates möglichst geradlinig und unanfechtbar verliefen – ein Fehler, der die Tschechoslowakei in München teuer zu stehen kommen sollte. Die Magyaren und die Bulgaren hatten nicht nur insofern Pech, als sie im Krieg auf der falschen Seite gestanden hatten; auch war durch ihre geopolitische Lage eine Allianz ihrer Nachbarn gegen sie vorprogrammiert, denn alle diese Staaten wollten ein Stück Land für sich gewinnen.

Wie die Angelegenheit genau geregelt wurde, ist hier nebensächlich. Das endgültige Ergebnis war mehr als deutlich. Das Staatensystem, das im Namen des Selbstbestimmungsprinzips in Versailles aus der Taufe gehoben wurde, erwies sich als beschämend zerbrechlich und schwach. Es brach bereits beim ersten Sturm in sich zusammen. Die neuen Staaten hatten all die Schwächen der Großreiche, an deren Stelle sie traten, geerbt; sie wurden mindestens genauso von Minderheitenproblemen geplagt, und wie immer man die neuen Grenzen gezogen hätte, sie hätten das Problem nicht beseitigt. Und ethnische Säuberungen standen damals noch nicht so auf der Tagesordnung wie heute. Dazu kommt, daß die neuen Staaten unerfahren, klein, schwach, habgierig und opportunistisch waren. Sie brachten das Heu ein, solange die Sonne schien, und offenbar gingen sie davon aus, daß die Sonne nie untergehen würde.

Aber sie ging unter. Es brauchte nur einen Adolf und einen Josef, und das System brach schmählich in sich zusammen. Was man in Versailles gebaut hatte, besaß keine Stabilität und Überlebenskraft. Die Staaten, die einst aus dem Prinzip der Selbstbestimmung heraus geboren wurden, ließen sich meist ohne jeden Widerstand von einem neuen Reich oder neuen Reichen vereinnahmen; einige leisteten scheinbar Widerstand, andere nicht einmal das. Manche überantworteten sich in einem neu ausgerichteten Opportunismus den neuen Herren. Allein Finnland setzte sich erfolgreich zur Wehr. Als man 1918 versuchte, Wilsons Prinzipien durchzusetzen, scheiterte dieser Versuch; beim Zusammenbruch Jugoslawiens versuchte man Ähnliches. Dies hatte noch tragischere Konsequenzen, oder vielmehr, die Konsequenzen traten viel schneller ein und bedurften keiner Hilfe von außen. Was aus der ehemaligen UdSSR, die einen ebensolchen Fall darstellt, einmal werden wird, bleibt abzuwarten.

Viertes Stadium: Ethnische Säuberungen

Gemäß der nationalistischen Doktrin sollen die Grenzen des politischen Verbandes mit denen des »ethnischen« übereinstimmen. Mit anderen Worten: Angesichts der Tatsache, daß Ethnizität auf einer gemeinsamen Kultur basiert, fordert der Nationalist, daß jedes oder zumindest fast jedes Mitglied des politischen Verbandes auch einer bestimmten Kultur angehören soll, und daß alle Mitglieder dieser kulturellen Gruppe innerhalb desselben politischen Verbandes vereint sein sollen. Einfach ausgedrückt: Eine Kultur, ein Staat.

Es gibt verschiedene Wege zu diesem segensreichen Zustand. Hat man Glück, geschieht dies in Form eines allmählichen und organischen Wachstumsprozesses. Ernest Renan bediente sich bei seiner Definition der modernen Nation, das heißt jener Nation, die berechtigterweise nach ihrem eigenen Staat strebt, eines Kriteriums, das man als Prinzip des *Vergessens* bezeichnen kann; die Mitglieder der Nation und damit auch des Staates hätten die Vielfalt ihres kulturellen Ursprungs schlicht *vergessen.* Anders ausgedrückt: Der Durchschnittsfranzose weiß, daß er Wein trinkt, einen Orden besitzt und sich in der Geographie überhaupt nicht auskennt. Dies ist in der Tat die verbreitetste Definition eines typischen Franzosen, auf die sich sogar die Franzosen selbst berufen. Aber dieser typische Franzose weiß nicht, ob er von den Galliern, Bretonen, Franken, Burgundern, Römern, Normannen oder sonstwem abstammt. Es sei jene nationale Wolke der Unwissenheit, dieser segensreiche Gedächtnisschwund, der Frankreich zu dem mache, was es ist. Renan nannte als Gegenbeispiel zu seinem Begriff des Nationalstaats das Osmanische Reich. Er schrieb damals, die dort lebenden Araber, Türken, Griechen, Armenier, Juden wüßten immer noch, daß sie Araber, Türken et cetera sind, und an diesem Bewußtsein habe sich seit dem ersten Tag der osmanischen Eroberung nichts geändert. Wahrscheinlich hätte er sagen sollen, daß sie es nach der Errichtung des Osmanischen Reichs sogar *besser* wußten als vorher. Zu diesem frühen Zeitpunkt wäre eine Relativierung der kulturellen oder religiösen Unterschiede durch die Zugehörigkeit zu einer lokalen Gemeinschaft durchaus denkbar gewesen, hätten die Osmanen die Gesamtbevölkerung nicht in mehrere, sich selbst verwaltende ethnisch-religiöse Einheiten unterteilt. Dadurch wurden ethnische Unterschiede erst recht sichtbar und relevant, weshalb die Menschen gezwungen waren, sich auch mit ihnen zu identifizieren.

Tausend Jahre Geschichte eines (relativ) starken Staates waren nötig, um zu jener segensreichen Vergessenheit zu gelangen, die Renan einst als die Essenz nationaler Identität pries. Und er hatte recht: Erst die durch die Zugehörigkeit zu und Teilnahme an einer allumfassenden Nation bedingte Anonymität, durch die etwaige Untergruppen an Bedeutung verlieren, kennzeichnet die moderne Nation.

Doch die Franzosen hatten tausend Jahre Zeit, dies zu erreichen. Wie steht es mit den jungen und allzu ungestümen Nationen, die es nicht erwarten können, selbst ein kulturell homogener politischer Verband zu werden, und kaum bereit sind, diesem Prozeß des Vergessens so viel Zeit einzuräumen?

Es gibt nur einen Weg, diese Homogenität rasch zu erreichen, und seit der jugoslawischen Tragödie gibt es auch eine Bezeichnung dafür: ethnische Säuberung. Sie rangiert als das vierte Stadium auf unserer Skala, die vor allem auf den geschichtlichen Erfahrungen in Mitteleuropa basiert. Dort hatte dieses Phänomen in den vierziger Jahren seine Hauptphase. Die Wirren des Krieges, aber vor allem die skrupellose und rassistische Ideologie der damaligen Herrscher Europas, die den Siegern des Krieges schließlich alles erlaubte, ermöglichte neue Methoden, um das Ziel der nationalen Homogenität zu erreichen: Völkermord, Zwangsumsiedlung und Vertreibung,

Methoden, vor deren Anwendung man in normalen Zeiten zurückschreckt. Doch damals standen sie tatsächlich auf der Tagesordnung.

Natürlich wurden sie nicht erst in den vierziger Jahren erfunden. Die Armenier mußten sie schon sehr früh erleiden, auch während und nach den Balkankriegen war derartiges zu beobachten, allerdings nicht in solchem Umfang. Zu Beginn der zwanziger Jahre kam es zwischen Griechen und Türken zu solchen Vorfällen; heute passiert es im ehemaligen Jugoslawien und, wenn auch in geringerem Ausmaß, in der ehemaligen UdSSR. Aber der eigentliche Höhepunkt derartiger Auswüchse waren die vierziger Jahre.

Fünftes Stadium: Die Schwächung nationaler Gefühle

Dieses Stadium ist wohl ein Stück Wirklichkeit, es ist aber auch ein Stück Wunschvorstellung. In der fortgeschrittenen Industriegesellschaft kommen bestimmte Prozesse in Gang, die die Intensität nationaler Gefühle im politischen Leben vermindern oder vermindern können. Vielleicht trifft die alte Konvergenztheorie ja zu, nach der sich alle Industriegesellschaften am Ende gleichen. Die Theorie wurde ursprünglich im Zusammenhang mit dem Wettbewerb zwischen kapitalistischen und kommunistischen Industriegesellschaften formuliert und prognostizierte, daß beide Gesellschaftstypen irgendwann die gleichen Merkmale aufweisen würden. Die Theorie hat den Zusammenbruch des Kommunismus wie das Versiegen seines ursprünglichen Motivs überlebt. Sie scheint für die Fälle, in denen ein ähnlicher kultureller Ausgangspunkt gegeben ist, eine gewisse Gültigkeit zu besitzen; immerhin haben sich sämtliche europäischen Industriegesellschaften irgendwann einander angeglichen. Und doch ist es bei weitem nicht klar, ob zwischen (sagen wir) asiatischen und europäischen Industriegesellschaften eine ähnliche Übereinstimmung eintreten wird. Die Konvergenz innerhalb Europas erscheint mir beispielsweise in der Jugendkultur besonders stark ausgeprägt; die Sowjetunion hat gegenüber Coca-Cola und Bluejeans kapituliert, lange bevor sie sich der Marktwirtschaft und dem politischen Pluralismus öffnete.

So gesehen mögen sich fortschrittliche Industriegesellschaften zwar auf phonetischer, nicht aber auf der semantischen Ebene voneinander unterscheiden; verschiedene Worte stehen für identische Begriffe. Menschen, die »dieselbe Sprache sprechen«, ohne im wörtlichen Sinne dieselbe Sprache zu sprechen, können, selbst in einer sozial mobilen Gesellschaft, die auf semantische Arbeit ausgerichtet ist, miteinander leben und kommunizieren. Wo phonetische, nicht aber semantische Vielfalt besteht, wird es weniger Reibungspunkte geben, vor allem dort, wo Menschen, aus beruflichen Gründen etwa, zweisprachig sind oder wo eine bestimmte Sprache Arbeitssprache ist.

Dies funktioniert natürlich nicht dort, wo es um die Beziehung zwischen Gastarbeitern und Gastgebergemeinschaft geht, die nicht nur nicht dieselbe Sprache sprechen, sondern zudem kulturelle Verständigungsschwierigkeiten haben. Die Abschwächung des ethnischen Bewußtseins wurde im westlichen Europa und sogar in Teilen Mitteleuropas beobachtet; sie gilt jedoch nicht für Gastarbeiter aus entfernten Kulturen.

Eine stabile Regierung, Wohlstand und die Aussicht auf Wachstum wirken zusammen gegen Extremismus. Menschen, ob sie ethnische Vorurteile hegen oder nicht, werden ihre Sicherheit und ihren Wohlstand nicht für die Gelegenheit aufs Spiel setzen, einen gewaltsamen Konflikt zu provozieren. Die Gefahr taucht erst dann auf, wenn diese Bedingungen nicht mehr erfüllt sind, beispielsweise in der Phase des Zusammenbruchs großer politischer Verbände (etwa der Habsburgermonarchie, der bolschewistischen Staaten oder Jugoslawiens).

Wenn ein Herrschaftssystem ohnehin zusammenbricht, wenn kein allgemein anerkanntes Herrschaftszentrum mehr besteht, wenn neue Herrscher gebraucht werden und aus zahlreichen Kandidaten einer ausgewählt werden muß, dann bietet es sich – abgesehen vom gewaltsamen Wettstreit (der wohl verbreitetsten Methode, den geeignetsten Kandidaten und Empfänger neuer Legitimität zu bestimmen) – an, den sozialen Zusammenhalt mittels ethnischer Bewegungen wiederherzustellen. Diese lassen sich schneller aktivieren und mobilisieren als Bewegungen, die auf komplexeren Erwägungen basieren; die Kennzeichen und Symbole ethnischer Zusammengehörigkeit fallen in der modernen Welt mehr auf als alles andere. Es mag bedauerlich sein, aber es ist eine Tatsache.

Ethnische Konflikte drehen sich meist um Gebietsansprüche. Der Symbolgehalt eines Territoriums spielt in der emotionalen Dichtung des Nationalismus bis heute eine zentrale Rolle. Trotzdem hat sich seit 1945 ein entscheidender ideologischer Wandel vollzogen, von dem ein Großteil der Welt betroffen ist: Der strahlende Wirtschaftserfolg der beiden wichtigsten Verlierernationen und die problematische ökonomische Situation mancher Sieger haben verdeutlicht, daß es nicht die Ausdehnung eines Gebiets ist, die in der modernen Welt groß, bedeutend, reich und stark macht, sondern die ökonomischen Wachstumsraten. Diese Lektion hat ihre Spuren hinterlassen, und sie hat zumindest dazu beigetragen, daß die nationalistische Leidenschaft ein wenig abgekühlt ist.

Dies sind nur einige der Gründe dafür, daß der Nationalismus so stark an Anziehungskraft verloren hat, obwohl die ihn begünstigenden Faktoren wie der semantische Charakter der Arbeit oder die allgemeine Abhängigkeit von einer bestimmten Hochkultur, sprich einer »Nation«, weiterhin vorhanden sind. Wir werden dieses Problem auch im Zusammenhang mit der Frage beleuchten, weshalb der Nationalismus während der ersten Hälfte des zwanzigsten Jahrhunderts überhaupt so mächtig werden konnte. Denn es ist im Grunde dieselbe Frage, nur von der anderen Seite betrachtet. Ob der Nationalismus tatsächlich zunehmend an Bedeutung verliert, ist allerdings strittig, und bis wir es genau wissen, wird wohl noch viel Zeit vergehen.

Die Ehe zwischen Staat und Kultur

DAS IM LETZTEN Kapitel dargestellte Fünf-Phasen-Szenario beschrieb eine mögliche Entwicklungslinie, aber die Welt bietet mehr als nur eine Möglichkeit. Schon innerhalb Europas sind die Möglichkeiten vielfältig, ganz zu schweigen von der Komplexität anderer Kulturen. Tatsächlich kann man in Europa drei oder vier verschiedene Zonen ausmachen, die mit den unterschiedlichen Zeitzonen auf den Weltkarten vergleichbar sind, die man oft auf Flughäfen sieht. Was uns hier interessiert, sind die sich durch die Zoneneinteilung ergebenden einzelnen Gebietsstreifen, die sich von Nord nach Süd erstrecken. Innerhalb eines solchen Streifens herrscht ein mehr oder weniger einheitliches Muster vor, dagegen bestehen zwischen den einzelnen Streifen bedeutende Unterschiede.

Zone eins

Um diese Unterschiede besser zu begreifen, stelle ich mir das Verhältnis zwischen Staat und Kultur als eine Art Ehe vor. Diese Ehe sieht von einer Zone zur nächsten unterschiedlich aus. Wenn wir uns nun von West nach Ost der Sonne entgegen bewegen, treffen wir zuerst auf die Gesellschaften, die sich entlang der europäischen Atlantikküste herausgebildet haben.

Von großer Bedeutung in diesem Gebiet ist, daß die Eheleute hier schon seit langer Zeit durch eine gewohnheitsmäßige Partnerschaft verbunden sind. Jedenfalls bestand diese Verbindung schon lange, bevor das Zeitalter des Nationalismus anbrach und die innere Logik der modernen Gesellschaft die Partner als füreinander bestimmt anerkannte. *Gegründet* wurde diese Vereinigung (eigentlich handelt es sich eher um eine Reihe von Vereinigungen) aber durch andere Faktoren. Am Anfang wurde sie kaum beachtet, und es mußte ihr auch kein Vertreter einer nationalistischen Doktrin seinen Segen geben.

Lassen Sie es mich noch einmal auf nicht-metaphorische Weise formulieren: Die starken dynastischen Staaten um Lissabon, Madrid, Paris und London entsprachen von vornherein den Kultur- und Sprachzonen, noch bevor die Logik der Situation oder die nationalistische Theorie eine solche Korrelation forderten. Natürlich war die Harmonie bei weitem nicht vollkommen, und selbstverständlich wurden innerhalb jedes einzelnen Staates recht unterschiedliche Dialekte gesprochen. Dennoch hielten sich diese Unterschiede im Rahmen; die wichtigen kulturellen Unterschiede existierten eher zwischen den sozialen Schichten als zwischen einzelnen Gebieten. Als dann das Zeitalter des Nationalismus anbrach, bedurfte es nur geringer Grenzverschiebungen. Um die politische Geographie Westeuropas zu verstehen, ist es immer noch wichtiger, die dynastischen Konflikte des späten siebzehnten und achtzehnten Jahrhunderts zu kennen als die ethnographische Karte Europas. In dieser Zone fand als Folge des Nationalismus nur eine einzige bedeutende Veränderung statt: die Gründung der Republik Irland.

Das heißt natürlich nicht, daß der Nationalismus auf die Herzen und die Köpfe derer, die ihren Staat kampflos von der Geschichte erhalten hatten, keinen Einfluß gehabt hätte;

Jeanne d'Arc wird auf vielleicht anachronistische Weise oft als Nationalistin der frühen Moderne dargestellt. Dabei bestand für jene Kulturen während der nachmittelalterlichen Jahrhunderte gar keine Notwendigkeit, nach der Schaffung eines eigenen politischen Schutzschildes zu streben; sie besaßen ihn bereits. Natürlich gab es einige kleinere Kulturen im Inneren ihres Gebietes, denen der Kampf tatsächlich nicht erspart blieb, aber die großen Hauptkulturen mußten nicht kämpfen. Die durch die Moderne bedingte politische und kulturelle Zentralisierung bedeutete zwar, daß die Bauern und die Arbeiterklasse ausgebildet werden mußten, beispielsweise in bezug auf eine korrekte Sprache; doch ihre Mitgliedschaft innerhalb der Staatskultur wurde nur selten ernsthaft in Frage gestellt; genausowenig wurde die Identität des Staates angezweifelt, der schließlich den erforderlichen Schutz zu gewährleisten hatte. Die Menschen wurden hier selten Opfer eines Tauziehens zwischen rivalisierenden Nationalisten, die behauptet hätten, sie gehörten in Wahrheit zu Staat A anstatt zu Staat B. Alles in allem wußte das Volk ziemlich gut, wohin es gehörte und welcher Staat mit dem Schutz seiner Identität betraut war.

Zone zwei

Nicht weit östlich von jenem Küstenbereich liegt eine weitere Region, in der es keinen direkten Übergang von einer nichtnational geprägten zu einer nationalismusanfälligen Gesellschaft gab. Es handelt sich hier in etwa um das Gebiet des früheren Heiligen Römischen Reiches. Während die Eheleute in der westlichsten Zone schon seit Jahrhunderten zusammengelebt hatten, bevor der Nationalismus ihrer Verbindung seinen Segen gab, war die Situation hier auf andere Weise ungewöhnlich: Die Braut hatte sich schon seit langer Zeit darauf vorbereitet, in aller Pracht vor den Altar zu treten, aber … es gab keinen Bräutigam!

Nicht metaphorisch ausgedrückt, heißt das: Sowohl die Italiener als auch die Deutschen hatten eine staatsfähige Hochkultur (die Braut) zu bieten. Beide besaßen eine allgemeingültige Hochsprache, Italien seit Dante und der frühen Renaissance, Deutschland seit Luther oder vielleicht schon, seit die Kreuzfahrer aus verschiedenen deutschen Sprachgebieten auf ihren Eroberungszügen gen Osten eine neue Standardsprache entwickeln mußten. Diese Hochsprachen besaßen auch eine Schrift und eigneten sich damit als Grundlage für einen nationalen, kulturell homogenen Staat. Die Wiederbelebung der deutschen Literatur am Ende des achtzehnten Jahrhunderts mag geringfügige orthographische Standardisierungen bewirkt haben, aber im Grunde existierte bereits eine allgemeingültige Hochkultur. Außerdem war das bäuerliche Einzugsgebiet für beide Kulturen einigermaßen klar umrissen, zusammenhängend und kompakt; freilich bestanden zahlreiche deutsche Siedlungsgebiete in Osteuropa, aber dies stellte für die Deutschen keine Veranlassung dar, neue Kulturen zu schaffen.

Aber (und dieses »aber« ist von großer Bedeutung): Kein Staat, kein Bräutigam! Während sich sowohl entlang der Atlantikküste als auch in Osteuropa starke dynastisch geprägte Staaten herauskristallisiert hatten, herrschte in dieser Zone Europas politische Uneinigkeit. Über die Frage nach dem Warum wollen wir hier nicht spekulieren; die Stärkung der Reichsstädte durch die frühe Entwicklung des Handels, der Konflikt zwischen Papst- und Kaisertum, Friedensschlüsse am Ende von Religionskriegen: all dies sind mögliche Ursachen. Aber welche Gründe auch immer ausschlaggebend gewesen sein mögen, mit dem Zeitalter des Nationalismus hatte sich zwar eine gut entwickelte nationale Kultur, aber kein staatlicher Beschützer etabliert. Also mußte sich sowohl der deutsche als auch der italienische Nationalismus mit der Aufgabe der *Einigung* befassen.

In beiden Fällen wurde ein geeigneter Bräutigam gefunden: Piemont auf der einen Seite und Preußen auf der anderen. Der jeweilige Bräutigam war darüber nicht gerade begeistert; man sagt, der deutsche Kaiser wäre lieber nur König von Preußen geblieben. Aber da es primär um Einigung (nicht um Befreiung) ging, da eine kulturelle Veränderung nicht erforderlich schien und die kompakte Form der zu einigenden Gebiete eine ethnische Säuberung erübrigte, konnte zumindest der auf Einigung ausgerichtete Nationalismus des neunzehnten Jahrhunderts noch relativ schonungsvoll und liberal vorgehen; er hatte die Möglichkeit einer Allianz mit dem Liberalismus. Ohne Zweifel war auch er auf seine Weise skrupellos; Cavour soll geäußert haben, daß die von ihm eingesetzten Mittel, würde er sie privat für seine persönlichen Ziele anwenden, aus ihm einen Schurken machen würden. Wie dem auch sei, die diplomatischen Rechtsverdrehungen und kriegerischen Mittel, die zum Zweck der Einigung für nötig befunden wurden, übersteigen kaum, wenn überhaupt, das Maß an Gewalt, das während der rein dynastischen (ethnisch irrelevanten) Auseinandersetzungen des achtzehnten Jahrhunderts ausgeübt wurde. (Warum die Nationalismen im darauffolgenden Jahrhundert plötzlich so schlagartig ausbrachen, ist eine andere Frage, die wir noch behandeln werden.) In diesem Falle haben wir es mit einer Form von Nationalismus zu tun, deren einziges Ziel darin bestand, einer Nation, die bereits existierte, ihr »rechtmäßiges« politisches Dach zu verleihen (zumindest war ihre Existenz auch nicht strittiger als die ihrer Nachbarn innerhalb der westlichen Zone, wo man den Bauern erst beibringen mußte, wie man richtig spricht und was ihre Nation eigentlich ausmacht). Die ethnographische Landkarte war insgesamt nicht so komplex, daß dieses Ziel nur mittels ethnischer Säuberungen hätte bewerkstelligt werden können. Eine Nation wollte schlicht ihren eigenen Staat besitzen, so wie sie bereits ihre eigenen Dichterfürsten oder ihre eigene Oper besaß; und es gab niemanden, den sie erst hätte niedermachen müssen, um diese Sehnsucht zu befriedigen. Ein segensreicher Zustand, den es seither wohl nicht mehr gegeben hat, und der nicht ewig andauern sollte.

Zone drei

Erst, wenn wir uns weiter in Richtung Osten bewegen, beginnt es, wirklich ernst zu werden. In der zweiten Zone brauchte der Nationalismus seine freundliche und liberale Haltung noch nicht aufzugeben; er besaß noch nicht diesen inneren Drang zur Bösartigkeit (selbst wenn er sie schließlich doch an den Tag legte). In der dritten Zone dagegen waren Gewalt und Brutalität anscheinend etwas Normales und Alltägliches. Der Schrekken war nicht nur Option, sondern vorprogrammiert.

In Osteuropa gab es alles in allem weder national geprägte Staaten noch nationale Kulturen. In der Sprache unserer Metapher heißt das: Weder der Bräutigam noch die Braut waren verfügbar. Damit der nationalistische Imperativ: »Ein Staat, eine Kultur« erfüllt werden konnte – und im Laufe des neunzehnten Jahrhunderts entwickelte er in der Tat eine starke Anziehungskraft –, mußte man beides, Staat und Kultur, erst erschaffen. So war Ingenieurarbeit sowohl in politischer als auch kultureller Hinsicht erforderlich. Und das Material, an dem die Ingenieure ihre Arbeit verrichten sollten, war derart widerspenstig, daß ziemlich brutale Umschichtungen eingeleitet wurden. Es ging um die gleichzeitige Schaffung eines Nationalstaates *und* einer Nationalkultur für ein Umfeld, in dem beides fehlte, für einen sprachlichen und kulturellen Flickenteppich, der sowohl auf der Landkarte als auch in seiner Sozialstruktur völlig uneinheitlich war; genau diese Kombination ist das beste Rezept für eine Katastrophe, und die erforderlichen Zutaten bot Osteuropa im Überfluß.

Vielleicht ist es leicht übertrieben zu behaupten, in Osteuropa habe es überhaupt keine nationalen Hochkulturen gegeben. Die Polen beispielsweise besaßen eine so glanzvolle Kultur, daß die litauische Jagellionen-Dynastie, die Polen gerade erobert hatte, sie alsbald übernahm, und nicht etwa umgekehrt. Es gibt tatsächlich noch andere Nationen, die für sich in Anspruch nehmen, das Ergebnis einer gradlinigen und kontinuierlichen kulturellen und/oder politischen Entwicklung zu sein. Doch allgemein gilt: In Zone drei existierte ein bunter Flickenteppich der Kulturen und Sprachen. Die Volkssprachen ließen sich kaum gegeneinander abgrenzen, und es war, beispielsweise im Falle der slawischen Sprachen, außerordentlich schwierig, wenn nicht gar unmöglich, zu sagen, wo ein Dialekt endete und ein anderer begann oder was Sprache und was Dialekt war. Bei einem so liberalen Autor wie Anton Tschechow traten beispielsweise die Ukrainer als solche gar nicht in Erscheinung: Der *Kirschgarten* ist eindeutig eine Parabel auf *Rußland*. Wenn man das Stück aufmerksam liest, stellt man jedoch fest, daß es in der Ukraine spielt: Die Kirschen sollen in Charkow verkauft werden …

Die bestehenden Staaten waren mit den jeweils dominierenden ethnischen Gruppen nur lose verbunden. Unter der autokratischen Herrschaft der Zaren lebten viele Familien tartarischer, baltischer oder georgischer Herkunft; in Relation zu der Größe ihrer ursprünglichen Volksgruppe waren sie deutlich überrepräsentiert und wurden sicherlich nicht diskriminiert, von der Stellung der Ausländer im russischen Militär- oder Staatsdienst ganz zu schweigen. Der russische Kommandeur während des Krimkrieges beispielsweise trug einen so glanzvollen Namen wie Todleben – ein wahrhaft schöner Name für einen Soldaten, aber keinesfalls slawischer Herkunft. Im Osmanischen Reich litten die anatolisch-türkischen Bauern unter Ausbeutung und Unterdrückung, anstatt von ihrer Verwandtschaft mit der herrschenden Volksgruppe zu profitieren. Was also die Frage der Kulturen anbelangt, so mußten diese im neunzehnten Jahrhundert eigentlich erst geschaffen werden, bevor eine solch vorgegebene Kultur durch Methoden verbreitet wurde, die sowohl friedlich als auch brutal sein konnten.

Aus dieser Situation, und vor allem dem Kontrast, den sie gegenüber Westeuropa darstellte, entstand der bemerkenswerte Aufsatz über Nationalismus von John Plamenatz. Plamenatz war ein montenegrinischer Wykehamist[1], keine allzu verbreitete Kombination übrigens. Sein Vater galt in Montenegro als bedeutende Persönlichkeit und soll einer der Unterzeichner des Friedensvertrages am Ende der Balkankriege gewesen sein. Jedenfalls war er wohlhabend genug, um seinen Sohn nach Winchester zu schicken. Plamenatz, ein sehr liebenswerter Mann, wurde später Professor in Oxford und, um die Wahrheit zu sagen, Autor reichlich uninteressanter politischer Werke. In einer Sternstunde allerdings gelang ihm sein Aufsatz zum Thema Nationalismus, der auch den Titel »Die traurigen Reflexionen eines Montenegriners in Oxford« hätte tragen können.

Einfach ausgedrückt, lautete die Hauptthese des Aufsatzes, westlich von Triest sei der Nationalismus meist gutartig, auf der östlichen Seite dagegen meist schrecklich. Diese Aussage klingt, oberflächlich betrachtet, höchst seltsam, wenn man bedenkt, daß zu diesem Zeitpunkt Hitler und Mussolini noch nicht allzu lange tot waren; hatten sie doch sehr deutlich bewiesen, daß auch der Nationalismus westlich von Triest grausam sein konnte, genauso wie jeder andere Nationalismus. Trotzdem hatte Plamenatz in einem wichtigen Punkt recht: Der Horror von Nationalsozialismus und Faschismus hätte nicht geschehen *müssen.* (Warum er trotzdem ausbrach, wird noch zu diskutieren sein.) Der Schrecken des Nationalismus östlich von Triest entstand aus der damaligen Situation selbst. Plamenatz

---

1 Als »Wykehamisten« bezeichnet man Angehörige des St. Mary's College von Winchester, das von dem englischen Prälaten und Staatsmann William of Wykeham (1324–1404) gegründet wurde.

hätte schon damals die Tragödie Jugoslawiens vorhersehen können, auch wenn er es nicht so formuliert hat.

Der grundlegende Sachverhalt ist ganz einfach: Unter Bedingungen, wie sie auf dem Balkan, im Kaukasus, am Wolgaknie, in großen Teilen Zentralasiens und in vielen anderen Regionen der Erde vorherrschen, können kulturell homogene Nationalstaaten, wie sie die nationalistische Theorie für geschichtlich unabdingbar hält, nur durch ethnische Säuberungen entstehen. In solchen Gebieten muß man die Betroffenen davon überzeugen, daß sie von der Umsetzung des nationalistischen Ideals absehen; andernfalls sind ethnische Säuberungen unvermeidbar. Es gibt keinen dritten Weg.

Zone vier

In Osteuropa lassen sich zwei Zonen, nämlich die Zonen drei und vier unterscheiden. Über erstere haben wir gesprochen. Die Zone vier entspricht dem Bereich, der die Phase des Bolschewismus durchlaufen hat; sie dehnte sich 1945, als die Rote Armee nach Westen vordrang und in vielen Ländern kommunistische Regime installierte, sogar noch aus. Einige Länder in dieser Zone wurden ungefähr siebzig Jahre lang kommunistisch regiert, andere dagegen nur vierzig Jahre.

Im Hinblick auf die Entwicklung des Nationalismus zeichnet die Zone vier aus, daß sie die beiden ersten Stadien des Nationalismus, die Wiener sowie die irredentistische Phase, relativ unbeschadet überstanden hatte, als plötzlich etwas Merkwürdiges geschah. Am Ende des Ersten Weltkriegs landeten die drei Großreiche, die noch in Wien Osteuropa untereinander aufgeteilt hatten, auf einem der größten Müllhaufen der Geschichte. Eines von ihnen entstand jedoch unter einer neuen Herrschaft und einer neuen Ideologie relativ rasch wieder. Dieser neue Glaube wurde mit einer starken Überzeugung, Kraft und Skrupellosigkeit vertreten und durchgesetzt. Das neue Regime war ungleich brutaler als die *Anciens régimes*, die den Nationalismus zwischen 1815 und 1918 immerhin noch in Schach gehalten hatten. Und so überrascht es nicht, daß ihm die Eindämmung und Unterdrückung des Nationalismus nicht besonders schwerfiel, solange es bestand. Entgegen manchen Prognosen und Analysen ging es nicht etwa am Nationalismus zugrunde, sondern in erster Linie an seiner ökonomischen Niederlage im Kalten Krieg, dem ersten großen Krieg, der wirtschaftliche statt militärische Mittel einsetzte, und das mit erstaunlich durchschlagender Wirkung. Zu diesem Ergebnis hatte der Nationalismus kaum beigetragen, aber er profitierte davon, und nachdem man die ökonomische Niederlage mit überraschender Offenheit eingeräumt hatte, trug er maßgeblich zur Auflösung des Sowjetreichs bei. Übrigens verhielt sich die Sowjetunion genauso wenig »national« wie das Zarenreich. Wie russische Nationalisten mit einigem Recht beklagten, genossen die Russen in ihm keine besonderen Vorzüge. Einige Randgebiete der Russischen Föderation zählten gar zu den unterprivilegiertesten Gegenden der Sowjetunion; andere Nationalitäten dagegen – zunächst die Juden, später die Georgier und Ukrainer – bekleideten im Kadersystem der Sowjetunion auffällig viele Machtpositionen.

Das Wesen des kommunistischen Regimes und die Ursachen seines Verfalls hätten sicherlich ein Kapitel für sich verdient. Wenn es jedoch darum geht, die einzelnen Kanäle nationalistischer Entwicklung in den verschiedenen Teilen Europas zu untersuchen, kann soviel gesagt werden: Diesem Teil Europas, der bereits die ersten beiden Stadien durchlaufen hatte, blieben die übrigen drei Stadien vorerst erspart. Es kam zwar zu massiven und brutalen Umsiedlungsmaßnahmen für ganze Bevölkerungsteile, aber sie trugen insgesamt nicht zu einer Vereinfachung der ethnischen Landkarte bei (Polen und die Tschechische Republik sind Sonderfälle). Sie bewirkten lediglich, daß die Angelegenheit nun noch komplexer wurde.

Die Kernfrage lautet: Wird die »natürliche« Entwicklung der Dinge nun, da die hemmende Kraft des Kommunismus nicht mehr besteht, wieder in Gang kommen, und in welchem der Stadien 3, 4 oder 5 wird sie zur Ruhe kommen? Werden wir beobachten, wie überall kleine, schwache, unerfahrene und von Minderheitenproblemen geplagte Staaten entstehen; wird es ethnische Säuberungen geben oder wird der Einfluß von Ethnizität auf die Politik allmählich abnehmen? In bezug auf das ehemalige Jugoslawien ist die Antwort offenkundig; die gewählte Lösung heißt ethnische Säuberung, und in der Tat erhielt dieser Begriff hier seine eigentliche Prägung. Andernorts läßt sie noch auf sich warten. Ohne Zweifel wird die Antwort nicht überall gleich lauten. Für alle drei Optionen sind Anzeichen zu beobachten, und bislang wissen wir nicht, welche von ihnen sich wo durchsetzen wird.

Das mörderische Gift des Nationalismus

NACH MEINEM MODELL durchläuft eine Gesellschaft auf dem Weg von einer traditionellen, nicht nationalistisch geprägten zu einer nationalismusanfälligen Gesellschaft »normalerweise« eine fünf Stadien umfassende Übergangsphase. Ich habe dieses Modell verfeinert beziehungsweise erweitert mit der Erläuterung, warum es sich nur in einer von vier europäischen Zonen bewahrheitet hat. Ich habe außerdem die zusätzlichen Faktoren genannt, die dafür verantwortlich sind, daß das genannte Muster für die anderen Zonen nur bedingt zutrifft. Diese Faktoren waren: die Existenz starker zentralisierter Staaten, deren Gebiete weitgehend mit bestimmten kulturellen Bereichen übereinstimmten und die somit prädestiniert waren, Nationalstaaten zu werden; das Vorhandensein moderner Hochkulturen, die nur nach einem politischen Partner verlangten, um einen Nationalstaat zu bilden; und schließlich die Tatsache, daß in einem Teil Europas plötzlich eine westliche Religion hervortrat, die zeitweise die Macht an sich zog und stark genug war, dem Nationalismus vorläufig einen Strich durch die Rechnung zu machen.

Dieses Modell, welches das Grundgerüst einer Nationalismustheorie darstellt, trägt den extremen Auswirkungen des Nationalismus in Europa während der ersten Hälfte unseres Jahrhunderts jedoch nicht Rechnung; schlimmer noch: es prognostiziert extreme Auswüchse nur für bestimmte Teile Europas, jedoch gerade nicht für jene, wo die Brutalität tatsächlich am größten war. Dieses zusätzliche Phänomen kann das Modell nicht aus eigener Kraft erklären. Können vielleicht andere Faktoren diese Lücke füllen, die mit dem Modell vereinbar sind, sich aber – zumindest auf den ersten Blick – nicht direkt aus ihm ergeben?

Dieser Frage wollen wir in den folgenden Überlegungen nachgehen. Sie sind nicht so einfach wie die bisher dargestellten Grundzüge unserer Theorie. Wer bei Theorien Wert auf Eleganz legt, mag enttäuscht sein, aber es scheint mir, daß eine gewisse Kompliziertheit in diesem Fall unvermeidbar ist. Die Welt ist hochkomplex, und manchmal mischen sich Faktoren ein, die nicht aus simplen Prämissen folgen, sondern äußerlicher oder zufälliger Natur sind. Mehr, als diese Faktoren zu benennen, können wir nicht tun.

Jene zusätzlichen Faktoren, von denen gesagt wird, daß sie für die unter bestimmten Umständen besonders brutalen Auswüchse des Nationalismus verantwortlich sind, sind teils mit organisatorischen Phänomenen und mit den zeitspezifischen Formen des sozioökonomischen Lebens verknüpft, teils ideologisch bedingt. In bestimmten Fällen sind sie genau zwischen beiden Sphären angesiedelt.

Die sozioökonomischen Bedingungen

Die durch die Industrialisierung verursachte wirtschaftliche Notlage ist, sowohl absolut als auch relativ gesprochen, in den ersten Stadien ökonomischer Entwicklung besonders akut. Die Auflösung des traditionellen Landlebens, die Verarmung ehemaliger Handwerker, die Ankunft einer Flut bedürftiger und desorientierter Neuankömmlinge in den frühen Industriestädten, die plötzlich aus dem Boden schossen und über keinerlei materielle, institutionelle oder moralische Infrastruktur verfügten, um sie einzubinden – all dies brachte in Westeuropa, von wo die Industrialisierung einst ausging, die Welt von Charles Dickens hervor. Die Nachzügler fanden sich in den Slums und Barackenvierteln wieder, wo das Elend noch um vieles schlimmer war als der »Idiotismus des Landlebens« (Marx), an deren Stelle es trat, und wo die relative Unterprivilegierung gegenüber den Nutznießern jener ersten Wohlstandswelle nicht zuletzt angesichts deren physischer Nähe kaum zu ertragen war. Dazu trat die erschreckende Erkenntnis, daß traditionelle hierarchisch geprägte Legitimationssysteme ihre Gültigkeit verloren hatten. Dies allein bot ausreichend Zündstoff; aber wie die Geschichte gezeigt hat, tritt die Explosion, der Marx so hoffnungsvoll entgegenblickte, wie Tocqueville sie fürchtete (beide bezogen sich auf die gleichen Anzeichen), nur dann ein, wenn kulturelle (»ethnische«) Faktoren die Grenze zwischen Eingliederung und Privileg einerseits und Ausgrenzung und Armut andererseits unterstreichen. Klassen ohne Ethnizität sind blind; Ethnizität ohne Klasse ist bedeutungslos ...

Kulturelle und organisatorische Traditionen

Die Frage, welcher Faktor für die Verbindung der Bereiche Organisation und Kultur verantwortlich ist, läßt sich folgendermaßen beantworten: Die Wahrscheinlichkeit einer Gewaltanwendung steigt, wenn die fraglichen Volksgruppen aus Gegenden stammen, in denen relativ schwache Staaten das Aufkommen einer chauvinistischen Ethik der Selbsthilfe zugelassen oder gar befördert haben, wo es örtlichen Gemeinschaften einmal gestattet wurde, sich einen Teil der Vorrechte und Befugnisse der zentralen, für Ordnung verantwortlichen Schaltstellen zu sichern. Ihren Mitgliedern wurde einstmals ein Ethos der Ehre und Rache sowie der Glaube an eine eigene und ungebundene Gesetzlichkeit eingeimpft. Gesellschaften, deren Mitglieder ihre Mannhaftigkeit nicht durch beruflichen Erfolg beweisen, sondern durch den schnelleren Griff zur Waffe, werden diese Werte möglicherweise auch dann noch aufrechterhalten, wenn der Verband, dessen Ehre man in Gefahr sieht, plötzlich nicht mehr, oder zumindest nicht mehr allein die jeweilige Ortsgemeinschaft betrifft, sondern sich auf eine umfassendere kulturelle Kategorie (eine »Nation«) erstreckt. Dieser Zustand scheint auf große Teile des Balkans zuzutreffen und bietet ohne Zweifel eine Erklärung für die Grausamkeit ethnischer Konflikte in dieser Region, ob man nun an die Zeit um 1912, die neunziger Jahre oder aber den Zweiten Weltkrieg denkt. Milovan Djilas hat eine hervorragende Sammlung von Kurzgeschichten verfaßt, die unverständlicherweise weniger bekannt sind als andere seiner Schriften. Offensichtlich basieren sie auf seiner persönlichen Erfahrung des Guerillakrieges gegen die Deutschen. Die Geschichten sind voll von Mord und Totschlag, aber man beachte die Tatsache, daß es so gut wie nie um Morde an deutschen oder italienischen Besatzern geht. Das Gemetzel findet fast ausschließlich unter den Südslawen selbst statt. Ein aufmerksamer Leser dieser Geschichten wäre über die Tragödie, die sich seit der Auflösung Jugoslawiens ereignet, nicht überrascht gewesen.

Ideologische Faktoren

Wir kennen einen weiteren, hauptsächlich ideologisch bedingten Faktor, der ebenfalls von großer Wichtigkeit ist, und dies vielleicht gerade für die nationalistischen Auswüchse des zwanzigsten Jahrhunderts in jener Zone, von der man noch im neunzehnten Jahrhundert solches kaum erwartet hätte (Deutschland und Italien). Dieses Element ist so bedeutend wie komplex und verdient deshalb ein eigenes Kapitel.

Die drei Stufen der Moral

DIE MENSCHHEITSGESCHICHTE LÄSST sich in Form von drei aufeinanderfolgenden Stufen der Moral darstellen. Da wäre zunächst jene Moral, nach dem Motto »Jeder Status hat seine Pflichten«. Plato war ihr bekanntester Vertreter. In seinem Werk *Der Staat* definiert er Gerechtigkeit (beziehungsweise Rechtschaffenheit) so: Jeder Bestandteil der Gesellschaft hat die ihm bestimmte Pflicht zu erfüllen. (Das gleiche gilt auch für die Bestandteile der Seele. Soziopolitische Schichten sind Plato zufolge lediglich das Spiegelbild der einzelnen Bestandteile unserer Psyche, und beides hat seine ontologische Berechtigung; die Natur der Dinge schreibt dies so vor.) Im Hinblick auf meine Theorie entspricht diese Ethik exakt dem *nicht*-nationalen Stadium der Menschheitsgeschichte; die Identität eines Menschen und die Frage nach seinem Lebenszweck wird eng mit seiner Stellung innerhalb einer stabilen und hierarchisch geprägten sozialen Ordnung verknüpft. Eine solche Ordnung impliziert normalerweise (jedoch nicht zwangsläufig), daß die verschiedenen fest verankerten und »gottgegebenen« sozialen Schichten auch mit gewissen *kulturellen* Unterschieden einhergehen; diese können groß oder auch subtil sein. Und doch dienen derartige kulturelle Schranken nicht etwa dazu, die Grenzen eines politischen Verbandes zu definieren; dieser setzt sich gewöhnlich selbst aus kulturell unterschiedlichen Bestandteilen zusammen. Daher hat Kultur (Ethnizität, Nationalität) weder etwas mit der Definition eines moralischen Gehalts noch mit einem verbindlichen Mythos von Moral, menschlicher Erfüllung und Ehrbarkeit zu tun.

Soviel zum ersten Stadium. Abgesehen von einer gelegentlich auftretenden Fetischisierung von Kultur, trifft das Gesagte auf alle Agrargesellschaften wie auch auf die entsprechende Phase der Menschheitsgeschichte überhaupt zu. Sowohl die organisatorischen Prinzipien als auch das damit verbundene Ethos dieser Welt haben durch die Aufklärung eine vernichtende Kritik erfahren, eine Kritik, die gleichermaßen mit brillanten literarischen Kommentatoren wie mit einem tiefgründigen philosophischen Fundament aufwarten konnte. Die Aufklärung prangerte die Unterdrückung, den Dogmatismus, den Aberglauben und die von Scheinargumenten gestützte Ungleichheit des *Ancien régime* an; ihr Aufruf lautete: Vernichtet das Niederträchtige!

Ihre eigene Ethik war individualistisch, universalistisch und egalitär. Die Pflichten beziehungsweise die Erfüllung des Menschen wurden nicht mehr vom gesellschaftlichen Status abgeleitet, sondern vielmehr von der allen gemeinsamen Menschlichkeit. Diese großzügige Moralvorstellung schlug sich in (mindestens) zwei Formulierungsweisen nieder, auf der einen Seite die sensualistische, auf der anderen die rationalistische Variante. Für Denker wie David Hume ist unsere Moral in der Tatsache begründet, daß der Mensch ein *fühlendes* Wesen ist, das Freude und Schmerz empfinden kann, das aber auch imstande ist, die Freude und den Schmerz anderer Menschen mitzufühlen. Philosophen wie Immanuel Kant dagegen entdeckten die Quelle unserer Identität und Sittlichkeit in unserer gemeinsamen *Vernunft*begabung. Diese unterschiedlichen Argumentationen beeinträchtigen unsere These aber nicht, denn beide Auffassungen sind gegenüber dem Faktor Kultur letztlich blind. Ob unsere wahre Identität nun auf dem Gefühl oder der Vernunft basiert, ist sekundär; wichtig ist, daß sie etwas Universelles ist, ohne jeglichen Zusammenhang mit etwaigen kulturellen oder politischen Schranken. Dieser Identitätsbegriff mißt keinem von beiden Bedeutung bei und kann kaum so gedeutet werden, als predige er die Vergötterung oder die Verschmelzung von Kultur und Politik. Dieser Typ Philosophie läßt sich für nationalistische Bestrebungen nicht instrumentalisieren, obwohl der späte Elie Kedourie seltsamerweise ausgerechnet Kant als einen wichtigen geistigen Vorläufer des Nationalismus herausstellte. Zwar haben die individualistischen, traditionsfeindlichen Philosophien der Aufklärung insofern dem Nationalismus den Boden bereitet, als sie für die Zerstörung der nichtethnischen kommunalen beziehungsweise imperialen Gemeinwesen des vornationalistischen Zeitalters mitverantwortlich waren. Aber dies macht die extrem individualistische und universalistische Ethik Kants samt dem von ihr hervorgehobenen Prinzip der *individuellen* Selbstbestimmung noch lange nicht zu einer intellektuellen Bürgschaft oder gar zu der historischen Ursache einer auf *nationale* Selbstbestimmung ausgerichteten Doktrin. Die Worte klingen ähnlich, aber was jeweils gemeint ist, könnte kaum weiter voneinander entfernt, ja gegensätzlicher sein. Interessant ist, daß Kedourie, während er Kant zu Unrecht für jene Entwicklung verantwortlich macht, Hegel in ebenso ungerechtfertigter Weise von aller Schuld freispricht, obwohl doch gerade Hegel unbestreitbar die Verschmelzung von Staat und Nation gepredigt hat: Nationen würden, so seine These, erst dann ihren rechtmäßigen Platz in der Geschichte erlangen, wenn ein Staat sie umschließe …

Der universalistische Individualismus ist die zweite mögliche Ethik; sie folgt auf die Moral »Jeder Status hat seine Pflichten«, aber kann diese natürlich nie vollständig ersetzen. Schließlich kennen wir noch eine dritte Ethik, die aus der Romantik als Reaktion auf die Aufklärung hervorging. Sie ist für meine Theorie von großer Bedeutung und wird im nächsten Kapitel näher betrachtet.

»Wurzeln« kontra Vernunft

Die erste Reaktion gegen den Rationalismus der Aufklärung zeichnete sich in der Literatur ab. Die Kälte der rationalistischen Sichtweise hüllte alles in einen farblosen Schleier und drang sogar in so intime Bereiche wie die zwischenmenschliche Liebe ein. Kant, der wie kaum ein anderer die kältere Variante dieser Vision repräsentierte, definierte Liebe als zwischenmenschliche Wohlgesonnenheit um der Pflicht willen. Und innerhalb des Rahmens, den ihm seine eigene Philosophie vorgab, hatte er auch gute Gründe dafür; aus der Tatsache, daß Gefühle nicht verordnet werden können, daß weder unser Wert noch unsere Identität von ihnen bestimmt wird, schloß Kant, daß Liebe, wie die christliche Moral sie den Menschen verordnete, nicht die Bezeichnung für ein Gefühl sein konnte. (Für ihn war der christliche Liebesbegriff nichts weiter als eine unakademische Formulierung seiner eigenen Ansichten.) Gefühle seien schändliche Bestandteile unseres menschlichen Wesens. Zwischenmenschliche Güte dagegen basiere auf der Verehrung eines universellen Gesetzes; sie könne verordnet werden und sei daher weitaus besser geeignet, unsere wahre Identität zu bestimmen.

Der Dichter Friedrich Schiller, der selbst als ein Prachtexemplar der romantischen Reaktion auf die Ideale der Aufklärung gilt, bespöttelte diese Ansichten Kants mit der Feststellung, demzufolge werde auch seine eigene Güte gegenüber einem Freund durch die Tatsache entwertet, daß sie auf einem Gefühl beruht. Und Kant hätte dies in der Tat als eine logische Schlußfolgerung angesehen.

Man könnte nun annehmen, der Vorwurf eines blutleeren Rationalismus, eines kalten, über jeden gefühlsmäßigen Makel erhabenen Geistes, sei in bezug auf einen Dichter wie David Hume, der genau wie Kant ein Vertreter der Ideale der Aufklärung war, aber das Gefühl zur Grundlage allen Verhaltens und der Moral erklärte, nicht gerechtfertigt. Natürlich müssen wir Sichtweisen wie die Humes berücksichtigen; die Aufklärung erreichte ihren intellektuellen Höhepunkt ebenso in Edinburgh wie in Königsberg. Doch tatsächlich bestätigt Hume unsere Hauptthese, anstatt sie zu widerlegen.

Es stimmt zwar, daß er das Gefühl tatsächlich als die Grundlage der Moral wie übrigens allen Handelns überhaupt betrachtet. Nur Gefühle können nach seiner Meinung motivieren, ob nun zu moralischem oder anderem Handeln. Aber: Welche *Sorte* Gefühl liegt der Moral zugrunde? Es handelt sich, so Hume, um die Gefühle eines unparteiischen Beobachters, die von seinem eigenen Standpunkt losgelöst sind. (Heutzutage spricht man von einem »Schleier der Unwissenheit« und hält dies für eine neue wissenschaftliche Errungenschaft. Tatsächlich aber ist diese Methode der Gerechtigkeitsfindung wahrlich nichts Neues.) So gesehen ist auch in dieser Version der Aufklärung, die den Menschen in erster Linie als ein fühlendes Wesen betrachtet, trotzdem jener Universalismus vorhanden, der eine Ablösung von allem Ortsgebundenen und Besonderen vorsieht.

Und tatsächlich sind dies die beiden zentralen Punkte, in denen die Romantik den Ideen der Aufklärung widerspricht; während letztere noch Vernunft und menschliche Universalität betonte, war erstere darum bemüht, gerade das Gefühl und das

Besondere, sprich die *kulturellen* Eigenarten in den Vordergrund zu stellen. Die beiden Negationen waren natürlich eng miteinander verbunden. Während die Vernunft in ihren Vorschriften universell ist (was sie für gültig erklärt, ist für *jeden immer* und *überall* gültig), werden Emotionen bestimmten Gemeinschaften (Kulturen) zugeschrieben; es handelt sich hierbei also um Vereinigungen, die auf der Grundlage gemeinsamen Empfindens zustande kommen und aufrechterhalten werden; dieses Empfinden teilen nur die Mitglieder, nicht jedoch die Außenseiter. Das Empfinden hat keine bestimmten Gründe, denn solche Gründe müßten ja, sollten sie überhaupt Gültigkeit besitzen, für *alle* gelten, nicht nur für Mitglieder. Die Mitgliedschaft in exklusiven Clubs läßt sich einfach nicht auf der Grundlage von Rationalität definieren; nur durch Gefühle. Und Nationen sind, anders als die zwischenmenschliche Brüderlichkeit der Aufklärung, solche exklusiven Clubs. Sie gründen auf Gefühlen, teils weil ihr Anspruch auf *Getrenntheit* sich nur so erfüllen läßt, aber auch, weil sie dadurch mit der Vitalität und Farbigkeit des Lebens in Berührung kommen, und genau das ist der Punkt, an dem sich die Romantiker am heftigsten gegen die Ideen der Aufklärung auflehnten. Deren kalter blutleerer Rationalismus und Universalismus versagte ihnen Leben, Wärme und Gefühl.

Die Schriftsteller der Romantik wendeten sich als erste gegen die Ideen der Aufklärung. Sie erzürnte der Eingriff der kalten blanken Vernunft in die Sphären der zwischenmenschlichen Liebe oder der Sexualität. Aber die Romantik blieb weder auf die Literatur noch auf das persönliche Leben beschränkt. Irgendwann war sie unter Gelehrten genauso verbreitet wie unter Dichtem und dehnte ihren Einfluß von der persönlichen auf die politische Ebene aus. Das alles geschah in dem Vierteljahrhundert der Französischen Revolution und der Napoleonischen Kriege. Doch was mit einem Kult der *Vernunft* begonnen hatte (die bei einem rationalistischen Ritual sogar einmal von einer nackten Schauspielerin verkörpert wurde), endete schließlich in einem mystischen Kaiserkult und der allgemeinen Sehnsucht nach militärischen Abenteuern; in sie stürzte man sich, gewissermaßen im Geiste eines *l'art pour l'art*, nur allzu bereitwillig. In der Zeit der großen Langeweile, die auf die Restauration und den neuen Frieden nach dem Wiener Kongreß folgte, hatten die Romantiker reichlich Gelegenheit, in der nostalgischen Erinnerung an die vergangenen Abenteuer zu schwelgen, und sie bedauerten die Monotonie ihrer neuen Existenz.

Als die Romantik von der Literatur zunehmend auch in die Sphäre der Wissenschaft ausstrahlte, gehörte Herder zu ihren bedeutendsten Vertretern. Seine Botschaft lautete, daß sich die Menschheit nicht aus atomisierten Individuen zusammensetze, deren Wesen auf einer universellen Vernunft basiert und deren raum- und zeitspezifischen Merkmale unerheblich sind. Sie setze sich vielmehr aus Nationen und Kulturen zusammen, und deren Wesen und Wert bestehe gerade in ihrer Einmaligkeit. Wert und Verdienst der Menschen sei nicht an ihren Gemeinsamkeiten zu messen, sondern gerade an den Unterschieden zwischen einzelnen Gemeinschaften. Auf diese Vielfalt und kulturelle Eigenart komme es letztlich an.

Die Romantik war geradezu prädestiniert, dem Nationalismus Sprache und Stil vorzugeben, und das tat sie dann auch. Hätten die zunehmende Bedeutung des Handels und/oder die Industrialisierung unausweichlich zu einer universellen Menschheit in Form eines allumfassenden Schmelztiegels geführt, wie Liberale und Marxisten es erwarteten, dann hätte die ursprüngliche Philosophie der Aufklärung dafür einen perfekten ideologischen Mantel geboten. Aber dies trat, warum auch immer, eben nicht ein; bislang wenigstens hat der Drang nach Homogenität, nach »Gleichschaltung« keine Universalkultur, sondern eine bestimmte Anzahl nach innen vereinheitlichter, aber nach außen differenzierter »nationaler« Kulturen hervorgebracht. Diese Kulturen definieren und *schaffen* Nationen; es trifft nämlich nicht zu, wie Nationalisten glauben und behaupten, daß Nationen schon immer unabhängig voneinander existiert hätten und nun lediglich nach Anerkennung »ihrer« Kultur als einer selbständigen Lebensform strebten. Kulturen »haben« und machen Nationen; Nationen sind nicht von vornherein gegeben, noch sind sie von vornherein in der Lage, etwas zu tun oder zu besitzen. Homogenität ersetzt auf einmal Vielfalt, Hochkulturen treten plötzlich an die Stelle von niederen Kulturen und werden schließlich politisch signifikant; sogenannte »Nationen« sind lediglich das politische Schattenbild dieser Tatsache.

Der Herdersche Kult um Differenzierung und Eigenart von Gemeinschaften war relativ bescheiden, eher zaghaft als teuflisch und todbringend. Er unterstrich lediglich den Wert der Vielfalt und wendete sich gegen die Reduktion der gesamten Menschheit auf ein einziges Modell; ob Versailles oder Manchester, er leistete dem Kulturimperialismus der Franzosen, der die Höfe und Aristokratien eines Großteils von Europa mit unvergleichlicher Schlagkraft überwältigte, ebenso Widerstand wie dem wirtschaftlichen und politischen Machtstreben der Briten. (Oswald Spengler behauptete, daß die französischen Armeen während der Herrschaft Napoleons über Kontinentaleuropa in Wirklichkeit *britische* Ideen verbreiteten. Es ist zu vermuten, daß sich die kaiserlichen Truppen nicht darüber im klaren waren, daß ihre Dienste letztlich Adam Smith und David Hume nützten.) Herders bescheidene Empfehlung einer vielfältigen Volkskultur besaß da sicherlich einen gewissen Reiz.

Doch im Laufe des neunzehnten Jahrhunderts gewannen die Ideen der Romantik in den Geisteswissenschaften einen neuen Verbündeten aus der Biologie, den Darwinismus. Die Lehre, daß der Mensch nichts anderes ist als die Fortentwicklung einer Tierart und daß er seine Neigung zum gewaltsamen

Wettbewerb allein dem Prozeß der natürlichen Auslese verdankt, mußte mächtige politische und philosophische Konsequenzen nach sich ziehen. Wenn der Mensch wirklich nichts weiter ist als ein Tier, warum sollte er sich dann noch für etwas Besonderes halten und behaupten, er stehe über der Natur? Mit welchem Recht könnte man sich noch auf ein einzigartiges Merkmal berufen, das Vernunft genannt wird? (Schon einige Vertreter der Aufklärung hatten mit dieser Sichtweise sympathisiert, aber es hatte ihnen noch an jener biologischen Untermauerung gemangelt.) So besaß die Vorstellung, daß Vernunft in Wirklichkeit nichts anderes sei als der Ausdruck eines Strebens nach instinktiver Befriedigung – nur eben mit anderen Mitteln – durchaus eine gewisse Plausibilität. Wenn uns nur unser skrupelloser Wettkampf dorthin gebracht hat, wo wir heute stehen, wäre es dann nicht vorstellbar, daß ebendieser Zug in uns eine permanente Grundvoraussetzung für Leistungskraft, seelisch-geistige Gesundheit und tiefe Erfüllung überhaupt ist? Nietzsche hat solche Ideen formuliert und dabei die Tradition der romantischen Dichtung mit den tatsächlichen realen oder vorgeblichen Erkenntnissen der Biologie verwoben.

Die Verschmelzung des Herderschen Kommunalismus und Kult des Besonderen mit dem durch den »Romantiker« Nietzsche vermittelten Darwinismus hatte eine enorme Sprengkraft. Gemeinschaft wurde nun nicht mehr nur als eine kulturelle Einheit betrachtet, sondern auch als biologisch bestimmte; ihre Funktion bestand nicht mehr allein darin, die eigene kulturelle Eigenart zu verteidigen und zu schützen; sie hatte nun auch die Aufgabe, diese auf eine aggressive Weise *politisch* abzusichern, und diese Aggression war eher Selbstzweck als Mittel, sie war Ausdruck und Grundvoraussetzung »wahrer Vitalität«. Im Gegensatz dazu erschien der blutleere Universalismus der Aufklärung als Ausdruck eines minderwertigen Manövers der »Schwachen«, als säkulare Reformation der lamentierenden Religion der Kraftlosen; sie galt als krankhaft.

Diese Botschaft – eine plausible Weiterentwicklung verschiedener Stränge des europäischen Denkens und Fühlens (vor allem des Naturalismus der Aufklärung wie auch des romantischen Kults der Aggression und Vitalität) – fiel in dieselbe Zeit, in der die durch Industrialisierung und Kapitalismus erzeugte ökonomische Not ihren Höhepunkt erreicht hatte. Es entstand eine Bewegung, die sich gegen diese Not, aber auch gegen die universalistische Ideologie wandte, die diesen Zustand als notwendig und unvermeidbar darstellte. Diese Reaktion wandte sich nun wieder den alten soldatischen Werten der Agrargesellschaft zu und griff auch auf die Gleichung »Reichtum ist gleich Land (*Lebensraum*)« zurück. In solch einer Situation mußte der Nationalismus an Anziehungskraft gewinnen. Während der ersten Hälfte des zwanzigsten Jahrhunderts existierten all diese Faktoren samt ihrer jeweiligen politischen Ausprägung nebeneinander. Dies ist die bestmögliche Erklärung für den großen Einfluß des Nationalismus in jener Epoche.

»Wurzeln« und Mensch

Die traditionelle Gesellschaft hatte den Menschen vermittelt, daß ihre Identität von ihrem jeweiligen gesellschaftlichen Status abhänge. Die Aufklärung dagegen lehrte, daß der Mensch erst durch seine Vernunft zum Menschen werde (und vielleicht säkularisierte sie dadurch die religiöse Anschauung, daß der Mensch sein Menschsein allein seiner Beziehung zu einer Gottheit verdankt). Die Romantik schließlich vertrat die Auffassung, der Mensch verdanke seine Identität seinen Wurzeln.

Erst sie entwarf das eindrucksvolle Bild von den »Wurzeln« des Menschen, das den Belangen des Nationalismus gerade gelegen kam. Es nährte die Vorstellung homogener, nach innen vereinheitlichter kultureller Staatsverbände, die man gemeinhin als »Nationalstaaten« bezeichnet. Einen politischen Verband stellte sich die Romantik als eine freiwillige und doch emotional bindende Vereinigung von Menschen mit denselben »Wurzeln« vor. Damit konnte sich das Gemeinwesen aus seinem Dasein als Statussystem lösen, und da die Option einer »Rückkehr zu den Wurzeln« prinzipiell bestand, mußte diese kulturelle Identität nicht von vornherein gegeben sein; es genügte ein tief empfundenes Bedürfnis, zu der Quelle der eigenen Vitalität und wahren Identität zurückzufinden, um sich seiner Herkunft zu vergewissem. Daß diese Erinnerung an die eigene Herkunft möglicherweise ein wenig fragwürdig war und daß das, woran man sich zu erinnern glaubte, meist nicht auf seine historische Wahrheit überprüft wurde, war dabei nicht so wichtig.

In gleichem Maße, wie sich der Nationalismus in der Rolle des Gegners eines blutleeren Kosmopolitismus gefiel und sich dabei als Bote einer vergangenen Welt und von deren Werten verstand, so gerne betrachtete er sich (irrtümlicherweise) als Zeuge einer jahrhundertealten Entwicklung. Nur übersah er dabei, welch geringen Stellenwert Kriterien wie Ethnizität und Kultur bis dahin für die Politik gehabt hatten. Zudem erkannte er nur teilweise, wie bedeutsam das Prinzip einer hierarchischen Gesellschaftsstruktur bislang gewesen war; zwar mag auch er, zumindest in seiner akuten Form, Tugenden wie Disziplin, Treue und Gehorsam hochgehalten haben, aber er mußte dabei ignorieren, wie sehr die von ihm gepriesenen Krieger früherer Zeiten auf ihren gesellschaftlichen Status bedacht waren und wie gleichgültig sie der kulturellen Homogenität gegenüberstanden, die der Nationalismus anstrebte.

Der Begriff »Wurzeln«, der anstelle von Status oder Vernunft die Grundlage der Identität werden sollte, besaß eine beträchtliche Anziehungskraft und zog tiefgreifende Konsequenzen nach sich, die wir ausführlicher darlegen wollen. Aus dem Blickwinkel des Nationalismus mag sich die Situation folgendermaßen dargestellt haben: »Wenn Wurzeln einen zu dem machen, der man ist, einen mit Kraft und Authentizität ausstatten, dann muß Wurzellosigkeit doch die größte aller Sünden sein; und in der Tat haben Begriffe wie Entwurzelung oder Kosmopolit einen äußerst schmachvollen Beigeschmack. Aalglatte Besserwisser-Typen, voll urbaner Gewandtheit, die jeden Dialekt nachahmen können, selbst aber keinen besitzen, sind die typische Folgeerscheinung eines moralischen Verfalls. Es gilt, sie zu meiden, zu ächten und auszugrenzen. Und natürlich war der universalistische Humanismus der Aufklärung nichts anderes als der Ausdruck eben dieser Geisteshaltung; er paßte jenem Menschenschlag daher nur allzu gut in den Kram. Aber wir lassen uns nicht länger in die Irre führen! In früheren Zeiten verwies man solche übermäßig urbanisierten, allzu berechnenden und wurzellosen Individuen mittels eines formalen religiösen Glaubens in ihre Schranken. Damals sorgte eine strenge Ordnung dafür, daß man seinen Status kannte und auch seinen Glauben nicht einfach wechseln konnte, und diese Methode funktionierte so gut, daß es in der Tat unmöglich war, sein ›Ghetto‹ jemals zu verlassen. Heutzutage leben wir dagegen in einer liberalen Welt, die es den Menschen erlaubt, ihre Konfessionen beliebig zu wechseln, und darum kann die Zugehörigkeit zu einer Religion heute nicht mehr dazu dienen, die ›Wurzellosen‹ von denen zu isolieren, denen ›wahre‹ Wurzeln gegeben sind. Wenn es aber nötig ist, einzelne Gruppen aus der Gemeinschaft auszugrenzen (und es ist nötig!), bleibt uns heutzutage nichts anderes übrig, als die Menschen nach ihren Vorfahren statt wie früher nach ihrer Religion zu klassifizieren.«

Natürlich ist genau das auch eingetreten. Die Reorganisation der Gesellschaft, durch die sich eine streng hierarchische Struktur in einzelne mobile Interessengemeinschaften verwandelte, deren Mitglieder derselben Hochkultur angehörten und von derselben politischen Autorität geschützt wurden, führte dazu, daß man sich auf einmal intensiv mit dem Thema »Wurzeln« beschäftigte. Die Mystik der ländlichen Wurzeln (»Heimaterde«) unterstützte die Bemühungen um eine Ausgrenzung der spezialisierten städtischen Schichten, die allzu sehr von den neuen Spielregeln (Meritokratie, semantische Arbeit, hohe Bewertung mentaler Beweglichkeit) profitiert hatten. Gleichzeitig paßte sie genau zur Philosophie der Romantik, die den neuen Nationalismus mit ihrer eigenen Sprache und Denkweise ausstattete.

Es sei noch einmal darauf hingewiesen, daß das Phänomen Nationalismus dort entsteht, wo sich eine *Gesellschaft* die Sprache einer *Gemeinschaft* aneignet; das heißt, eine sozial mobile, anonyme Gesellschaft tut plötzlich so, als sei sie eine nach außen geschlossene traute Gemeinschaft. Dieser Vorgang entsteht grundsätzlich durch zwei Faktoren: Einerseits hat sich die alte streng hierarchische Ordnung, unter der die meisten Menschen den ihnen zugewiesenen, rechtmäßigen Platz kannten, aufgelöst; andererseits bedeutet die Tatsache, daß Arbeit einen neuen Stellenwert erhalten hat, daß die neue Ordnung nur innerhalb einer Hochkultur bestehen kann. Diese Hochkulturen dienen dann als Grenzmarkierungen sowohl in bezug auf kulturelle (»nationale«) als auch politische Grenzen, wobei eine Übereinstimmung beider angestrebt wird.

Eine Gesellschaft, die sich an dem nationalistischen Ideal orientiert, gleicht in gewisser Weise sowohl der alten statischen Ordnung wie auch einer vollkommen mobilen universalistischen Gesellschaft. Sie ähnelt letzterer durch ihre interne Mobilität und Homogenität, aber auch insofern, als Kultur hier quasi anerzogen wird, anstatt sich selbständig zu entwickeln. Aber der Mobilität sind Grenzen gesetzt, und die Terminologie, die dies ermöglicht und die ihrerseits auf einem plausiblen Mythos beruht, ist die der »Wurzeln«. Die Ablösung der Geschichte durch die Biologie als neue mythopoietische Hauptwissenschaft unterstützt diesen Prozeß, genauso wie die Philosophie des Vitalismus; Kraft und Gesundheit werden mit Erde, Bauerntum und ironischerweise mit der traditionellen Handarbeit assoziiert, deren Verschwinden von der realen Basis des sozialen Lebens das Aufkommen des Nationalismus ja gerade erst befördert hatte. Romantizismus, Kommunalismus, Populismus, Vitalismus und

Biologismus – sie alle zusammen bringen eine Politik hervor, die Staatsbürgerschaft von den »Wurzeln« abhängig macht und die Verfolgung der »Wurzellosen« rechtfertigt; eine Logik, die in vielem mit der europäischen Ideengeschichte verwoben ist.

Glaube und Kultur

Wir hatten uns auf den Wandlungsprozeß konzentriert, der durch die Industrialisierung als den Hauptauslöser des Nationalismus hervorgerufen wurde. Eine sozial mobile Gesellschaft, die über eine (kodifizierte und schriftbegabte) Hochkultur verfügt und diese als Existenzgrundlage ansieht, definiert und begrenzt ihre Mitgliederschaft nicht nach dem Kriterium des Status, sondern der Kultur beziehungsweise der Eignung, diese Kultur anzunehmen (»Wurzeln«). Die Mitgliedschaft (beziehungsweise die Qualifikationen für eine Mitgliedschaft) gerät so zum wertvollsten Besitz eines Menschen, da sie buchstäblich die Voraussetzung darstellt, um in den Genuß aller anderen Güter zu kommen. Darum muß sein politisches Hauptanliegen darin bestehen, seine eigene (Hoch-)Kultur in Übereinstimmung mit der der ihn umgebenden Bürokratien zu bringen (die unter den Bedingungen der modernen Welt höchstwahrscheinlich alle *dieselbe* Sprache benutzen; die Tage sind vergangen, da Kleriker, Soldaten und Kaufleute jeweils eine andere Sprache sprachen). Wenn also eine Diskrepanz zwischen beiden, seiner eigenen Sprache und der seines sozialen Milieus, besteht, wird er entweder zu einem Assimilationisten oder Nationalisten oder tatsächlich beides zusammen.

Die Industrialisierung ist in der Tat die Hauptursache für diese Entwicklung, und trotzdem bestehen noch andere soziale Umstände, die sie möglicherweise begleiten oder unabhängig von ihr auftreten, letztlich jedoch ähnliches bewirken. Zwei dieser Faktoren sind von besonderer Bedeutung, nämlich die Bürokratisierung und das Aufkommen einer Religion nach protestantischem Muster. Die Bürokratisierung eines Reiches bedeutet, daß die örtlichen Verwalter nun vom Zentrum aus ernannt und zu ihren Dienststellen geschickt werden (anstatt solche Personen zu Agenten zu ernennen, die bereits über eine Machtbasis am Ort verfügen). Bürokraten erhalten eine mehr oder weniger standardisierte Ausbildung, wenden ähnliche Gesetze an und kommunizieren miteinander beziehungsweise mit dem Zentrum gemäß den vorgeschriebenen Normen und in einer gemeinsamen Sprache. Wenn sich eine Bürokratie etabliert hat, wird ihre Sprache wahrscheinlich von der gesamten Gesellschaft übernommen, zumindest für das öffentliche Leben, wenn nicht gar im privaten Bereich. Beispiele einer solchen Entwicklung sind die Han-Chinesen, das Lateinische im Weströmischen Reich und die griechische Sprache im Oströmischen und später im Byzantinischen Reich.

Vor allem aber soll uns der andere Faktor, die protestantische Religion, interessieren. Eine Religion kann dann dem protestantischen Typ zugeordnet werden, wenn sie die Vermittlungsinstanz (Priester) zwischen den Gläubigen und ihrem Gott aufhebt oder zumindest radikal abschwächt. Letzten Endes führt dies zur Universalisierung des Priestertums: Jeder Mensch wird zu seinem eigenen Priester. Außerdem konzentriert sich diese Religion auf Glaube, Lehre und Schrift, während Rituale und spirituelle Handlungen an Bedeutung verlieren. Um »glauben« zu können, muß ein Mitglied der Gemeinschaft zunächst wissen, was sein Glaube ist, und da es sein eigener Priester ist, muß es selbst seinen Zugang finden, und da der Glaube in Form der Heiligen Schrift zugänglich ist, muß es lesen können. Diese zwangsläufige Kette von Begründungen macht den Protestantismus zu einem treibenden Element der Alphabetisierung; da er die Schriftsprache in eine Volkssprache verwandelt hat, wird ihm gewöhnlich das Verdienst zugeschrieben, dem Menschen »das Heil« nähergebracht zu haben, und dies trifft gewissermaßen auch zu. Er verbreitet die Wahrheit jedoch nicht nur nach unten, sondern er erhebt die Volkssprache gleichzeitig auf das Niveau einer Hochkultur. Wenn es den Gläubigen möglich sein soll, in ihrem eigenen Dialekt über den Weg zum Heil zu lesen, dann würde dieser Dialekt ein eigenes Alphabet benötigen; außerdem müßte er ausreichend normiert sein, um eine Publikation überhaupt zu ermöglichen.

So vollzog der Protestantismus um seiner eigenen religiösen Ziele willen die Transformation eines Bauerndialekts in eine richtige, normierte Sprache, mit der Botschaften auf eine kontextunabhängige Weise und über große Entfernungen hinweg an eine anonyme Bevölkerung übermittelt werden konnten. Was der Nationalismus später zu unverhohlen politischen Zwecken anstrebte und in die Tat umsetzte, hatte der Protestantismus schon viel früher praktiziert, wenn auch, zumindest anfangs, in einer politisch unschuldigen Art und Weise.

Der Protestantismus hob den Stellenwert einer Volkssprache, indem er sie zum Medium einer Hochkultur machte; sein Ziel war die Verbreitung eines *Glaubens.* Damit trug er dazu bei, einer künftigen Nation den Boden zu bereiten, beeinflußte ihre Identitätsfindung, auch wenn sie ihn nicht unbedingt beibehalten hat. Der Nationalismus dagegen treibt eine Volkssprache geradezu gewaltsam in die Richtung einer Hochkultur, und dabei kann er sich der Hilfe des Glaubens bedienen, der die literarische Kodifikation vielleicht schon weit vorangebracht hat und dessen Vertreter einer beide Interessen kombinierenden Missionsarbeit möglicherweise durchaus zugeneigt sind. Die beiden Prozesse schließen zwar aneinander an, sind aber unverwechselbar. Schon Bernard Shaw brachte diesen Gedanken zum Ausdruck, als er seine heilige Johanna gleichzeitig von der Kirche (als »protestantische« Ketzerin) und von den Engländern (als Nationalistin) verbrennen ließ. Nach seiner Deutung war sie beides (wenngleich sie mit den böhmischen Hussiten, deren historische Rolle diese Zweideutigkeit noch deutlicher offenbart, nur wenig verband).

Beide Phänomene, Nationalismus und Protestantismus, weisen eine deutliche Affinität füreinander auf, sowohl in bezug auf ihre jeweiligen Leitideen als auch hinsichtlich ihrer sozialen Folgen. Und doch ist es eine wichtige Tatsache, daß sich beide Entwicklungslinien im Laufe der europäischen Geschichte schließlich voneinander abgekoppelt haben: Das Zeitalter des europäischen Nationalismus ist auch ein Zeitalter der Säkularisierung. Nationalisten lieben ihre Kultur, eben weil sie ihre Kultur lieben und nicht etwa, weil sich ihr Glaube in ihr ausdrückt. Vielleicht ehren sie ihren Glauben, weil er, wie sie gerne zugeben, Ausdruck ihrer nationalen Eigenart ist, und vielleicht sind sie der Kirche dankbar dafür, daß sie die nationale Sprache am Leben erhielt, wäre sie doch sonst aus dem öffentlichen Leben verschwunden. Letztlich verehren sie die Religion als eine Art Geburtshelferin der gemeinschaftlichen Identität, und nicht so sehr um ihrer selbst willen.

Diese Verallgemeinerung trifft zwar alles in allem auf Europa zu, aber sie erfordert zweifellos gewisse Einschränkungen. Der französische Chauvinismus beispielsweise war oft sehr stark katholisch geprägt; im Falle Polens sind Nationalismus und Katholizismus gar kaum voneinander zu trennen. Bestimmte Nationen wie zum Beispiel die Serben, Kroaten und Bosnier sind fast nur durch ihre Religion (oder ihre verlorene Religion) voneinander abzugrenzen und unterscheiden sich sprachlich oder »rassisch« so gut wie gar nicht von den Nationen, mit denen sie sich in Konflikt befinden. Dennoch stellen diese einschränkenden Bemerkungen, so wichtig sie auch sein mögen, unsere Verallgemeinerung nicht grundsätzlich in Frage. Ein

Pole mag per definitionem auch ein Katholik sein, und die Kirche stellte in den Tagen des Kampfes gegen den Kommunismus wahrscheinlich einen »Gegenstaat« von unschätzbarem Wert dar, dennoch bleibt zu fragen, ob wir es hier überhaupt mit einem Glauben zu tun haben oder ob es sich hierbei nicht einfach um ein Symbol von Identität handelt (vgl. Z. Mach 1985). Die Polen mögen sich diesen Glauben und seine Organisationsformen in ihrem Ringen mit dem kommunistischen Regime zunutze gemacht haben, und so trug er zu dessen Untergang maßgeblich bei; aber es scheint sich hier eher um einen säkularen Nationalismus zu handeln, der sich eines Glaubens bedient hat, als umgekehrt.

Wir haben das Grundprinzip beschrieben, das dem europäischen Nationalismus offenbar zugrunde liegt. Aber läßt es sich auch auf andere Regionen der Welt übertragen? Die Entwicklung des Islam im zwanzigsten Jahrhundert begründet den Verdacht, daß es tatsächlich eine andere Möglichkeit gibt.

Muslimischer Fundamentalismus und arabischer Nationalismus

AM ENDE DES vorangegangenen Kapitels wurden wir mit der Frage konfrontiert: Kann man den Entwicklungs- und Ausdehnungsprozeß einer ursprünglich auf einer Volkssprache beruhenden Hochkultur überhaupt unabhängig von dem Einfluß des religiösen Glaubens betrachten, ohne den die Kodifizierung einer solchen Kultur in vielen Fallen gar nicht erst stattgefunden hätte? Diese Frage veranlaßt mich, meiner geographischen Typologie eine fünfte Zone hinzuzufügen. Wir hatten eine europäische Zone betrachtet, in der Kultur und Staat (zufällig) bereits lange vor dem Zeitalter des Nationalismus miteinander vermählt waren; dann gab es eine Zone, in der schon eine Kultur bereitstand, jedoch kein Staat verfügbar war, der sie hätte beschützen können; die dritte Zone mußte alle fünf Stadien eines schmerzvollen Wandlungsprozesses durchlaufen, bevor sich endlich ein Nationalstaat bilden konnte; in der vierten Zone schließlich wurde diese Entwicklung durch die Aufbürdung der bolschewistischen Ideologie gestört. Sobald wir die Grenzen Europas überschreiten, erreichen wir als fünfte Zone die des Islam. Gleichzeitig kommen wir in eine Region, für die die Frage der Verbindung beziehungsweise Trennung von Kultur und Glaube radikal anders beantwortet werden muß als im Fall Europas; dieser Unterschied könnte das Verhältnis zwischen Kultur und Glaube in einem neuen Licht erscheinen lassen.

Die islamische Welt durchlief im neunzehnten, hauptsächlich jedoch im zwanzigsten Jahrhundert einen Transformationsprozeß, der mit der Wandlung, die Europa bereits viel früher erlebt hatte und auf die ich mich bei der des politischen Nationalismus bezog, durchaus vergleichbar ist. Der überwiegende Teil der Bevölkerung lebte in örtlichen Gemeinschaften, aus denen man gewöhnlich nicht herauskam; die Frage der sozialen Stellung war bei den meisten mit der Geburt festgelegt. Es herrschte eine beträchtliche soziale und ökonomische Stabilität; gab es doch einmal Auseinandersetzungen, so war die soziale Ordnung hinterher dieselbe wie vorher, selbst dann, wenn mit ihnen ein personeller Wechsel in den Reihen der Machthaber einherging.

Diese Situation hatte für den religiösen Bereich relativ klare Konsequenzen. Der für das soziale Leben so bedeutsamen lokalen Gemeinschaft kam die rasche Ausbreitung von Heiligenverehrung und von Organisationen zugute, die in der westlichen Literatur gemeinhin als religiöse Orden oder Bruderschaften bezeichnet werden. Beide gleichen sich insofern, als Orden wie Bruderschaften auf der Ergebenheit gegenüber einem Gründerheiligen beruhen. Da keine Verpflichtung zum Zölibatsgesetz besteht, können die Nachkommen solcher Gründerheiligen als eine Art Klerusersatz fungieren (denn formal gibt es im Islam keine Geistlichen) und so selbst zu »Heiligen« werden. Es bietet sich an, diese Situation mit den Worten von Émile Durkheims Religionssoziologie zu beschreiben: Das Religiöse war Ausdruck des Sozialen. Die Heiligen halfen den sozialen Verbänden, sich zu artikulieren. Die meisten dieser Heiligen konnten sich auf eine Ahnenschaft berufen, die sie als Nachkommen des Propheten bestätigte. Dies hat einen besonderen

Sinn: die Heiligen stellten eine Verbindung zwischen einer volkstümlichen Frömmigkeit, die ein Purist als »voll von fremden Elementen« betrachten würde, und dem offiziellen Glauben dar, der der Obhut der Gelehrten anvertraut war.

Dies war, grob gesprochen, die alte Ordnung: Abgesehen von dem populären Islam der Heiligen, gab es da noch den Islam der Gelehrten, der stärker »protestantische« Merkmale aufwies; dazu gehörten ein stark ausgeprägter Unitarismus, die Verurteilung des Fürspracheprinzips (eine Sünde, die als *sirk* bezeichnet wird), Skriptualismus und Puritanismus. Die Frage, inwieweit zwischen beiden Glaubensformen Harmonie oder Spannung herrschte, kann hier nicht erschöpfend behandelt werden (vgl. S. Zubaida 1995). Es gibt für beide Seiten Argumente und Belege; es steht jedoch außer Zweifel, daß beide Glaubensformen oft friedlich nebeneinander existierten, wobei städtische Gelehrte gleichzeitig auch Mitglieder von Orden waren, die auf der Verehrung von Heiligen beruhten, während ländliche Heilige die normative Autorität der »akademischeren« städtischen Religion implizit stets anerkannten, was sich in ihren Legenden widerspiegelte. Ohne Zweifel hat es eine derartige wechselseitige Durchdringung gegeben. Auf der anderen Seite könnte man sich jedoch auf aufkeimende Anti-Heiligen-Bewegungen wie die der Wahhabiten in Zentralarabien berufen; diese Bewegung entstand im achtzehnten Jahrhundert, lange bevor moderne Einflüsse aus dem Westen in diese Region gelangten.

Sicherlich wird dieses Thema noch lange Gegenstand aufschlußreicher Debatten sein; jedenfalls besteht bislang noch keine Übereinkunft. Einig ist man sich jedoch in der Tatsache, daß sich zu Beginn des zwanzigsten Jahrhunderts eine Reformbewegung herausgebildet hatte, die einem »reineren«, das heißt weniger volkstümlichen Islam verpflichtet war, der weitgehend auf das Fürspracheprinzip verzichtete, dafür aber größeren Wert auf die Schriften und die Beachtung der Gebote legte.

Die Frage, mit der sich diese Reformer konfrontiert sahen, war: Warum sind wir nur so weit hinter dem Westen zurückgeblieben? Warum wurde der einst so hoffnungsvolle und mächtige Islam Opfer solch großer Demütigungen, wie fremde und verräterische Kräfte sie über ihn gebracht haben? Die Antworten darauf beinhalteten zwar noch gewisse Elemente von »Verwestlichung«; insgesamt jedoch entschloß man sich in erster Linie zu einer Rückkehr zu den Ursprüngen, zur Reinheit, zu den »Wurzeln«.

So weit mag man eine gewisse Parallelität zu der Entwicklung in Osteuropa feststellen. Auch dort standen die Eliten vor dem Problem der gesellschaftlichen Rückständigkeit im Vergleich zum Westen Europas; auch sie fühlten sich zwischen einer volkstümlichen Neigung und der Tendenz zur Verwestlichung hin- und hergerissen. In der russischen Literatur des neunzehnten Jahrhunderts fand diese Spannung ihren klassischen, unübertroffenen Ausdruck. Die Populisten wandten sich an »das Volk«, aber sie beriefen sich auch auf den alten Glauben und neigten so zur Verknüpfung von beidem. Die Slawophilen vertraten in Wirklichkeit nicht die slawische Kultur, sondern die orthodoxe Kirche: Natürlich sind alle Slawen Slawen, und doch sind die Orthodoxen unter ihnen »die echteren Slawen«. Etwas von dieser Haltung hat bis in die neunziger Jahre unseres Jahrhunderts überlebt und kam in der russischen Position im jugoslawischen Konflikt gelegentlich zum Ausdruck. Doch man muß hinzufügen, daß innerhalb der neuen russischen Rechten auch die abweichende Tendenz zu konstatieren ist, die russische Seele nicht mehr in der orthodoxen Kirche, sondern im slawischen Heidentum zu suchen. Fürst Wladimir konvertierte demzufolge nicht etwa auf Drängen des Volkes zum Christentum, in Wahrheit handelte es sich um einen politischen Trick; das wahre *narod* blieb den alten Göttern noch für lange Zeit treu. Die Einführung des orthodoxen Glaubens war lediglich die erste der heimtükkischen Strategien der zionistisch-freimaurerischen Verschwörung ...

Dennoch besteht ein großer und wichtiger Unterschied zwischen den osteuropäischen und den muslimischen Reaktionen auf die Rückständigkeit beziehungsweise »Unterentwicklung«. Als sich die russischen Populisten an das Volk wandten, ging es ihnen in erster Linie um das Volk an sich, und der Glaube wurde gerade deshalb miteinbezogen, weil es der Glaube der einfachen Leute war. Er wurde durch die angeblichen Tugenden derer gerechtfertigt, die an ihm festhielten, und nicht etwa umgekehrt. In der Welt des Islam dagegen verlief die Geschichte in der entgegengesetzten Richtung. Der Begriff »Wurzeln« besaß eine theologische, auf Offenbarung ausgerichtete, statt einer volkstümlichen Bedeutung. Der Islam kennt so gut wie keinen Populismus. Moslems haben die Idealisierung des einfachen Volkes stets Außenstehenden wie T. E. Lawrence, General Daumas oder Alois Musil überlassen.

Als die muslimischen Reformer eine Rückkehr zu den Wurzeln forderten, meinten sie damit nicht die Rückkehr zum einfachen Volk, sondern zu der ursprünglichen Offenbarung, wie sie Mohammed einst übermittelt worden war und wie er und seine Gefährten sie praktizierten. Inwieweit ihre historische Sichtweise der ersten Generationen des Islam der Wahrheit entspricht, soll uns hier nicht interessieren. Konkret entsprach ihre Vorstellung von der Reinheit des ursprünglichen Glaubens einem puritanischeren, schriftbezogenen, unitaristischen, nüchternen, fürspracheunabhängigen Islam, wie sie ihn selbst praktizierten. Nicht beim Volk suchte man die »Wurzeln«, im Gegenteil: die traurige Wahrheit ist, daß das *Volk*, die ungebildete Masse in Stadt und Land mit Verderbtheit und Unwissenheit assoziiert wurde. Ihre zunehmende Entfremdung vom wahren Glauben und seinen Praktiken bedeutete gemeinhin einen Rückschritt, der für den Niedergang der muslimischen Reichtümer und den erbärmlichen Zustand des

Islam im frühen zwanzigsten Jahrhundert verantwortlich gemacht wurde.

Die Osteuropäer standen angesichts der Rückständigkeit ihrer Länder schließlich vor der Wahl, entweder den Westen oder aber die Tugenden ihres eigenen »Volkes« zu idealisieren. Nicht so in der Welt des Islam; hier stand man vor dem Dilemma, entweder dem Westen (Liberalismus, Technizismus, Nationalismus, Marxismus et cetera) nachzueifern oder ihm eine authentische örtliche Tradition entgegenzusetzen, die jedoch von einer städtischen Bildungselite ins Leben gerufen worden war und nicht etwa auf einer Volkskultur beruhte. Dies war die Grundeinstellung und Botschaft einer Reformbewegung, die mit der Situation im alten Europa überhaupt nicht vergleichbar ist.

Und so liegen die Dinge, zumindest vorläufig. Nationalismus und sogar diverse nationalistisch-marxistische Mischformen waren lange Zeit vorhanden. Auch konnten Islamismus und Nationalismus nebeneinander existieren; es war nicht klar, ob der Islam als sozialer Mörtel der Araber fungierte oder ob man den Arabern als Übermittlern des Islams Respekt schuldete. Derartige Ambivalenzen sind im ideologischen Leben von Gesellschaften nichts Ungewöhnliches. Was die islamische Welt anbelangt, so hat sich die Zweideutigkeit jedoch bis heute weitgehend aufgelöst; der Fundamentalismus hat sich in den Vordergrund gedrängt und beherrscht gegenwärtig den Zeitgeist. Ob diese Entwicklung weiter voranschreiten wird, läßt sich derzeit schwer beurteilen; vorschnelle Prophezeiungen sind riskant und sollen hier auch nicht ausgesprochen werden. Aber was die gegenwärtige Lage anbelangt, scheint alles klar.

Der Übergang von geschlossenen, stabilen und kulturell vielfältigen Gemeinschaften zu standardisierten, mobilen und anonymen Massengesellschaften findet in den muslimischen Ländern genauso statt, wie er sich im Westen abgespielt hat. Aber im Westen offenbarte sich die kulturelle Standardisierung und der Vorrang einer Hochkultur in erster Linie in Form der nationalistischen Ideologie, die dafür sorgte, daß eine neu entstandene Hochkultur überhaupt als solche verehrt wurde; freilich wird es dem Glauben und seiner Organisation in solchen Fällen meist hoch angerechnet, daß er diese Kultur oder besser: den »nationalen Geist« erhalten, unterstützt und ihm schließlich zu seiner Entfaltung verholfen hat. Aber um seiner selbst willen, nämlich als Ausdruck einer gebieterischen und transzendenten Offenbarung, schätzt man ihn nicht. Stillschweigend (manchmal aber auch ausdrücklich) geht man davon aus, daß derartige religiös anmutende Formulierungen lediglich eine Redeweise sind; in Wahrheit sei es die eigene Nation und deren Lebensform, die man verehre und anbete, und wenn man eine transzendente oder biblische Sprache verwende, dann habe dies nichts zu bedeuten; schließlich müsse man sich für eine bestimmte Sprache entscheiden, und diese hätte sich nun einmal gerade angeboten …

Beim Islam liegen die Dinge jedoch anders. Die generalisierte neue Hochkultur hat sich nicht etwa im Namen ihrer »nationalen Wurzeln« durchgesetzt, sondern im Namen ihrer Verbundenheit mit einem Glauben, an dem man mit äußerster, ja buchstäblich tödlicher Ernsthaftigkeit festhält. Die Wurzeln, auf die es ankommt, liegen nicht in der Erde, sondern vielmehr in einer transzendenten Sphäre. Das Wort Gottes selbst, und nicht irgendeine Bauernweisheit, liegt der neuen Kultur zugrunde.

Es ist unklar, warum der Triumph standardisierter Hochkulturen in mobilen anonymen Gesellschaften, die zunehmend auf semantischer statt auf physischer Arbeit beruhen, in Europa zum Nationalismus, in der islamischen Welt dagegen zum Fundamentalismus geführt hat. Ich habe einige der Faktoren aufgezeigt, die sich aus dem jeweils unterschiedlichen historischen Hintergrund dieser beiden Welten ergeben und möglicherweise zur Klärung dieser Frage beitragen könnten, aber es wäre unsinnig, wenn jemand behauptete, er verfüge über eine Erklärung, die über jeden Zweifel erhaben sei. Der Islam ist insofern unter allen Weltreligionen einzigartig, als er, jedenfalls bis jetzt, mit der weit verbreiteten Säkularisierungsthese unvereinbar ist; ihr zufolge nimmt der soziale und seelisch-geistige Zusammenhalt einer Religion in dem Maße ab, wie die Industrialisierung zunimmt. Inwieweit dies auf andere Zivilisationen zutrifft, steht zur Debatte, daß aber an dieser These etwas Wahres ist, bleibt unbestritten. Auf den Fall des Islam jedoch trifft sie überhaupt nicht zu. Wollte man diesen Umstand erklären, müßte man wahrscheinlich auch erklären, warum der Fundamentalismus den Nationalismus besiegt hat.

Marxismus und Islam

Das zwanzigste Jahrhundert hat zwei überraschende ideologische Entwicklungen erlebt, den starken, eigenwilligen und gegenüber Säkularisierungstendenzen resistenten Charakter des Islam einerseits und den plötzlichen totalen und unangefochtenen Zusammenbruch des Marxismus andererseits. Keine der beiden Entwicklungen hatten Sozialwissenschaftler vorausgesehen. Bis dahin hatte man allgemein eher damit gerechnet, daß sich die Prognosen der Säkularisierungsthese bewahrheiten würden, sowohl in bezug auf die islamische Welt wie auch andere Religionen; und was den Marxismus anbelangt, so wurde er gemeinhin als eine Art »säkuläre Religion« betrachtet, ausgestattet mit all den Stärken und Schwächen »echter« Religionen. Daß er irgendwann zur Routine werden und an Glanz verlieren würde, galt allen als gewiß; man hatte jedoch bis dahin angenommen, daß die betroffenen Menschen zwar ihren Enthusiasmus, nicht aber ihre Frömmigkeit verlieren würden und daß es auch weiterhin verhältnismäßig viele der Reinheit und Kraft ihres Glaubens ergebene Fanatiker geben würde.

So in etwa wurde die Angelegenheit gemeinhin betrachtet, und diese Betrachtungsweise war auch nicht unplausibel. Die

Ereignisse haben sie jedoch widerlegt. Da beide »Glaubensrichtungen« jeweils unterschiedliche Verbindungen, Affinitäten und Gegenpositionen zum Nationalismus aufweisen, erscheint es angebracht, nach möglichen Erklärungen für ihre unerwarteten und höchst unterschiedlichen Schicksale zu suchen. In der Tat wurde der Marxismus einmal als der Islam unseres Zeitalters bezeichnet; auch er besaß jene Einfachheit, jenen Messianismus und Moralismus; auch er beruhte auf der Vorhersage (ja der Verpflichtung) eines heiligen Krieges, der am Ende siegreich sein sollte. Was ist also schiefgegangen?

Das Verhältnis des Islam und des Marxismus gegenüber dem Nationalismus ist höchst unterschiedlich. Beide haben im Grunde keinen Platz für ihn. Natürlich hat der Islam seine *Umma*, die charismatische Gemeinschaft der Gläubigen, aber es handelt sich hierbei nicht etwa um eine ethnische Gruppe, wenn auch eine tiefe Affinität für eine einheitliche Kultur gegeben ist, insofern als das Arabische die Sprache Allahs ist. Der Marxismus dagegen kennt nur Klassen, keine Nationen; Klassen sind für ihn die einzigen legitimen Gemeinschaften, und am Ende wird es nur eine einzige legitime Klasse geben. Der Marxismus legitimiert nicht so sehr den Staat selbst, als vielmehr den »segensreichen« Wandlungsprozeß, der ihn schließlich überflüssig machen soll. Tatsächlich überwand der Islam den Nationalismus im Verlauf des zwanzigsten Jahrhunderts, ohne ihn je bewußt bekämpft zu haben, wobei er, gemäß meiner These, eben jene Funktionen erfüllte, die normalerweise dem Nationalismus obliegen. Der Marxismus dagegen bekämpfte den Nationalismus durchaus bewußt und besiegte ihn auch, zumindest in solchen Regionen, in denen er den Vorteil genoß, den Staat zu kontrollieren. In Regionen, wo er sich im Rahmen eines offenen ideologischen Marktes bewähren mußte, gelang ihm dies jedoch nicht. Auf der anderen Seite wurde er in solchen Fällen, in denen der Staat oder das Staatensystem, das er errichtet hatte, in sich zusammenbrach, gleich mit ihm hinweggeschwemmt. Somit stellte er für den Nationalismus überhaupt keinen ernstzunehmenden Gegner mehr dar. Statt dessen verband sich eine »verdünnte«, ideologisch unspezifische und wirkungslose Variante des Marxismus mit dem Nationalismus zu jener abstoßenden rot-braunen Allianz, die man in ehemals kommunistischen Staaten auffallig häufig beobachten kann.

Wie aber läßt sich dieser markante und extreme Unterschied in der Entwicklung zweier Glaubensrichtungen, die sich im Grunde so ähnlich sein sollen, erklären? Im Augenblick können wir nur Hypothesen aufstellen; eine klare Antwort auf diese Frage ist jedoch noch nicht in Sicht, selbst wenn wir sie überhaupt jemals beantworten könnten.

Der Islam ist in vielerlei Hinsicht erstaunlich modern. Er predigt einen strengen Monotheismus, kombiniert mit einer geringen Dosis Magie und einer großen Portion Moral; er lehnt jegliche religiöse Fürsprache ab und besteht statt dessen auf einer direkten Beziehung zwischen dem Gläubigen und Allah wie auf der Gleichheit aller Gläubigen. Aus der Sicht Hegels, des Philosophen, der Geschichte als die allmähliche Enthüllung eines göttlichen Heilsplans betrachtete, ist die Tatsache, daß der Islam nach dem Christentum entstand, geradezu peinlich (wenn das Christentum die höchste aller Religionen wäre, so hätte es auch die letzte unter ihnen sein müssen); er sah sich daher gezwungen, diese kleine Schwierigkeit mittels einer reichlich umständlichen Argumentation zu umschiffen. Tatsächlich besteht neben dem chronologischen noch ein qualitatives Problem, das Hegel hätte beschäftigen müssen; so zeichnet sich der Islam nämlich nicht nur durch seine spätere Entstehung aus, sondern (gemessen an vielen Kriterien, die von der modernen Welt als gültig anerkannt werden) auch durch seine *qualitative* Überlegenheit. Max Weber hat Hegel, aber auch dessen Schüler Marx als wichtigster Theoretiker zur Frage der Moderne schließlich an Bedeutung übertroffen, und dennoch hatte auch er seine Schwierigkeiten mit dem Islam. Wenn die moderne interessenunabhängige Rationalität von Produktion und Organisation tatsächlich ein unbeabsichtigtes Nebenprodukt jenes Zustandes war, in dem der gewissenhafte Gläubige voller Angst einen moralistischen *und* prädestinierenden Gott erblickte, warum um Himmels willen hat diese Rationalität dann nicht in die Welt des muslimischen Bürgertums eingeschlagen? Warum sind die städtischen Muslime, solange ihre Außenwelt sie in Ruhe läßt, nur so furchtbar zufrieden, so schrecklich frei von der quälenden Angst, die die Europäer dazu trieb, zu horten um des Hortens willen?

Die Tatsache, daß die moderne Welt nicht dem Schoß des Islam entstammt, kann vielleicht mit der allgemeinen politischen Struktur muslimischer Staaten erklärt werden (vgl. B. Turner 1974); deren städtisches Bürgertum fürchtete die in Stämmen organisierte Landbevölkerung zu sehr, als daß es sich getraut hätte, sich selbst Unabhängigkeit oder einen Anteil an der Regierungsmacht zu sichern. Es ließ sich lieber vom Sultan erpressen als von jener ausplündern. Dabei ist jedoch interessant, daß sich diese Bourgeoisie auch, als die moderne Welt doch Einzug hielt (sie war ihr quasi von außen oktroyiert worden), in ökonomischen Belangen immer noch nicht so erfolgreich schlug, wie man es im Vertrauen auf die Webersche These über die Verbindung zwischen puritanischer Angst und ökonomischem Nutzen hätte erwarten können.

Wenn der Islam auch weder für den Beginn der Moderne verantwortlich ist noch von ihr profitierte, als sie dann eintrat, hat er sich selbst dennoch auf eine andere bedeutende Weise Ehre gemacht; innerhalb der modernen Welt hat er an Kraft weder verloren noch gewonnen. Wie ist das zu erklären?

Versuchshalber wollen wir folgendes Erklärungsmodell anbieten: Der Islam ist zwar modern (das heißt, er ist unitaristisch, verzichtet auf zuviel Zauberei, beruht auf einer Symmetrie der Gläubigen untereinander sowie einer fernen Göttlichkeit), aber nicht *zu* modern. Die Welt selbst wird nicht vergöttlicht; das Objekt der Verehrung bleibt vielmehr außerhalb, im Transzendenten. Das Leben in der Welt ist stark reglementiert, bewahrt jedoch seinen profanen Status. Das Heilige und das Profane dürfen sich nicht vermischen, wie Durkheim betonte. Das Göttliche ist nicht nur ein Refugium abseits des Irdischen, das Irdische ist seinerseits ein Refugium vor den exzessiven Forderungen und der Abgehobenheit der religiösen Sphäre. Zwar dominiert und reglementiert der Islam das alltägliche und vor allem das wirtschaftliche Leben, aber für ihn ist es selbst nicht heilig.

Und gerade hierin bestand möglicherweise der entscheidende philosophische Fehler des Marxismus. Gemäß seiner philosophischen Grundauffassung strebte er nach einer Abschaffung dieser Zweiteilung. Er verurteilte nicht nur den Gebrauch jener anderen Welt als Trost und Zuflucht, sondern ging fatalerweise so weit, eine Verehrung *dieser* Welt und unseres Handelns in ihr zu fordern. Diese Position kommt nicht von ungefähr; schließlich war Hegel der Lehrer von Marx gewesen, und Hegel selbst hatte Spinoza und dessen Pantheismus zu seinem Vorbild erkoren; insbesondere dessen Vorstellung von der Einheit und Heiligkeit dieser Welt hatten es Hegel angetan. Daß der Bolschewismus schließlich zugrunde ging, lag möglicherweise nicht daran, daß das Heilige in ihm zu kurz gekommen wäre; vielmehr könnte die Vernachlässigung des Profanen dafür verantwortlich gewesen sein. Als die ökonomische Sphäre, die normalerweise als Bestandteil der profanen Welt betrachtet wird, in der Zeit der Stagnation am Boden lag, konnte dies nicht heruntergespielt und als routinemäßige Angelegenheit abgetan werden, denn schließlich stand die Heimat des Sakralen selbst auf dem Spiel. Arbeit galt als die Essenz menschlicher Existenz und als Sakrament der neuen Ordnung: Wenn dieses Sakrament dann plötzlich im Schmutz liegt, wie unter Breshnew tatsächlich geschehen, muß der Glaube daran

Schaden nehmen, und er hat Schaden genommen. Er hatte das massenhafte und willkürliche Blutvergießen unter Stalin überlebt (ja vielleicht sogar von ihm profitiert), aber diese Situation konnte er nicht überleben.

Darum könnte die Lehre aus den beiden großen Überraschungen des zwanzigsten Jahrhunderts folgende sein: ein hohes Maß an Modernität (Symmetrie, Moralität anstatt Zauberei, Ablehnung des Fürspracheprinzips, Transzendenz des Heiligen) trägt zum Überleben eines Glaubens in der modernen Welt bei. Aber eine totale Modernität (Abschaffung der Trennung zwischen dem Heiligen und dem Profanen, Sakralisierung *dieser* Welt) kommt den tatsächlichen Erfordernissen unserer Situation anscheinend nicht sehr entgegen. Wenn der Marxismus den Staat kontrolliert und somit Sanktionen verfügen kann, kann er den Nationalismus höchstens unterdrücken, jedoch nicht auslöschen; andernfalls ist er ihm nicht gewachsen. Der Islam dagegen scheint in der Lage zu sein, den Nationalismus erfolgreich und dauerhaft zu unterdrücken, mit oder ohne staatliche Kontrolle.

Haben Nationen einen Nabel?

DIE VIELLEICHT WICHTIGSTE Debatte, die unter den zeitgenössischen Nationalismustheoretikern geführt wird, findet zwischen dem Lager der Primordialisten und dem der Modernisten statt. Das Kernproblem ist einfach: Haben Ethnizität, die Identifikation mit einer »Nation« oder die politische Bekundung dieser Identifikation im Zusammenleben der Menschen schon immer eine große Rolle gespielt, oder handelt es sich vielmehr um ein typisch modernes Phänomen beziehungsweise eine Folgeerscheinung des besonderen Charakters unserer heutigen Welt? Natürlich vertritt dieses Buch beharrlich die letztere Position, doch dies soll uns nicht davon abhalten, die fraglichen Reibungspunkte klar und unvoreingenommen darzulegen.

Wie so oft, geht es hier nicht um ein Einzelproblem, sondern vielmehr um mehrere miteinander verwobene Streitfragen. Auf der höchsten Ebene der Abstraktion geht es um die metaphysische Frage, inwieweit Vergangenheit und Gegenwart real sind. So viel ich weiß, warf Bertrand Russell das folgende Rätsel auf: Woher wissen wir eigentlich, daß die Welt nicht erst vor fünf Minuten entstand, von Anfang an mit einem kompletten, sämtliche historischen, archäologischen und geologischen

Daten speichernden Gedächtnis ausgestattet? Inwiefern würde eine solche Welt sich *heute* von jener Welt überhaupt unterscheiden, die wir zu bewohnen glauben, das heißt, einer Welt, die bereits seit einiger Zeit existiert? Jeder radikale Empiriker geht davon aus, daß zwei Hypothesen nur dann unterschiedliche Bedeutungen haben, wenn es Indizien gibt, die eine von beiden stützen, die andere dagegen widerlegen; so jemand hätte mit Russells Frage sicherlich seine Schwierigkeiten. Es gibt *ex hypothesi* kein objektives Kriterium, und es wird auch in Zukunft keines geben, mittels dessen man beurteilen könnte, ob und inwiefern sich die Hypothese einer *von Beginn an* »entwickelten« Welt von jener zweiten Hypothese unterscheidet, die die Welt als Ergebnis eines genuin erfahrenen Entwicklungsprozesses betrachtet. Aus der Tatsache, daß uns nur in der Gegenwart oder Zukunft Beweismaterial zur Verfügung steht, läßt sich folgern, daß wir keinen Beweis haben, auf dessen Grundlage wir uns nach rationalen Kriterien für eine der beiden Hypothesen entscheiden könnten. Daraus läßt sich wiederum schließen, daß die beiden Hypothesen, unterzöge man sie streng empiristischen Kriterien, als einander identisch betrachtet werden müßten; wenn wir uns dem Problem jedoch intuitiv nähern, auf der Basis des »gesunden Menschenverstandes«, werden uns die beiden Hypothesen wahrscheinlich sehr unterschiedlich vorkommen.

An eben diese philosophische Fragestellung erinnert der Streit zwischen den Evolutionisten und den »Kreationisten«, deren Positionen sich unter dem Einnuß des Darwinismus immer weiter voneinander entfernten. Zur Lösung des Dilemmas wurde folgender Vorschlag gemacht: Um herauszufinden, ob es schon immer Nationen gegeben hat, müsse man die Frage klären, ob Adam einen Nabel hatte oder nicht. Man kam zu dem Schluß: Wenn er entsprechend dem biblischen Bericht direkt von Gott geschaffen wurde, ist klar, daß es keinen denkbaren Grund gibt, warum er einen Nabel hätte haben sollen.

Aber nicht alle Kreationisten akzeptierten dieses Argument; sie dachten: Wenn man davon ausgeht, daß Gott die Welt zu einem bestimmten Zeitpunkt (und eben nicht nach und nach) erschuf, dann konnten die Dinge nur darum funktionieren, weil sie *von vornherein* ihre »fertige« Struktur aufwiesen, als hätten sie bereits seit längerer Zeit existiert. Zum Beispiel hätten Flußläufe nicht darauf warten müssen, daß vollkommen neue Quellen sie mit Wasser füllen. Gott hätte bereits von vornherein mit Wasser gefüllte Flußbetten geschaffen, ganz so, als wäre schon seit ewigen Zeiten Wasser in ihnen geflossen; insofern wäre es vorstellbar, daß Adam mit einem vollkommen zwecklosen Nabel auf die Welt kam. Dieses Argument läßt sich schließlich logisch noch weiter ausdehnen; es wäre beispielsweise vorstellbar, daß Gott zum Zeitpunkt der Schöpfung der Welt selbst geologische Schichten, Fossile und dergleichen schuf, als ob die Welt schon seit langer Zeit existiert hätte; dies würde es Geologen und anderen erlauben, eine nicht existente, jedoch in sich kohärente Vergangenheit zu rekonstruieren.

Im Rahmen dieser Streitfrage, die »Fundamentalisten« und Darwinisten spaltet, vertreten die Anhänger des »gesunden Menschenverstandes« den Schöpfungsgedanken, während die Verfechter der wissenschaftlichen Autorität die evolutionistische Sicht verteidigen. In der Debatte um Nationalismus verhält es sich genau umgekehrt: Diejenigen, die sich vom gesunden Menschenverstand leiten lassen, vertreten die Ansicht, das Nationale und die nationalistische Einstellung überhaupt seien etwas Uraltes, während wir eher modernistisch denkenden Theoretiker, denen daran gelegen ist, Phänomene der sozialen Sphäre aus dem Blickwinkel der Wissenschaft zu erklären, für die kreationistische Variante Partei ergreifen. Wir glauben daran, daß Nationen geschaffen wurden, wenn auch nicht in einer Woche, sondern eher im Laufe von Jahrhunderten. Die Argumentationslinien sind einander entgegengesetzt, und doch ist die Logik der Debatte in beiden Fällen ähnlich. Darum meine Frage: Haben Nationen einen Nabel?

Die sehr allgemeine Formulierung dieser Frage bedingt eine gewisse Künstlichkeit (denn: »kann die Vergangenheit jemals real sein?«); sie veranlaßt den einzelnen, sie als »metaphysisch« in einem abwertenden Sinn abzutun, indem sie suggeriert, daß das Problem gleichzeitig schwierig und trivial ist. Dabei spiegelt die Debatte zwischen Primordialisten und Modernisten ein Element eben dieses Problems wider. Die Haltung des Modernisten beruht, zumindest zum Teil, auf der sehr allgemeinen Überlegung, daß nur die Gegenwart selbst in der Gegenwart wirksam sein kann. Die Vergangenheit ist tot, vorbei und somit unwirklich; keine vergangene Kraft kann *jetzt* wirken, eben weil sie *vergangen* ist. Im »Hier und Jetzt« ist sie nicht präsent, darum besitzt sie für das »Hier und Jetzt« auch keine Relevanz.

Diesem Argument begegnet man in den Geistes- und Sozialwissenschaften relativ oft, und es beeinflußt zwangsläufig Forschungs- und Erklärungsstrategien, beispielsweise in der Ökonomie, der Kulturwissenschaft oder der Psychoanalyse. Im Falle der Ökonomie dient es dazu, die Relevanz des *aktuellen* Verhältnisses zwischen Angebot und Nachfrage herauszustellen, wobei die Kosten früherer Zeiten vernachlässigt werden. In der Kulturwissenschaft offenbart es sich in dem Begriff »Funktionalismus« und der damit verbundenen Empfehlung, man solle Gesellschaften in erster Linie unter dem Gesichtspunkt der synchronen Interaktion von Institutionen anstatt unter dem Aspekt der Vergangenheit betrachten. In der Psychoanalyse kommt es zum Tragen, wenn man sich auf die *aktuelle* therapeutische Situation und Interaktion und nicht etwa auf weit zurückreichende Traumata konzentriert.

Diese sehr allgemeine Betrachtungsweise trifft zwar das Problem in gewissem Sinne, aber die Angelegenheit ist wesentlich komplexer. Ein »modernistischer« Nationalismustheoretiker wie ich betrachtet den *Nationalismus* als ein im Innersten modernes Phänomen, er betrachtet allerdings nicht alle sozialen Phänomene als modern, noch ist er der Meinung, die Moderne hätte alles umgekrempelt. Im Gegenteil: Er ist davon überzeugt, daß sowohl Kultur als auch Macht beständige Phänomene sind; nur hat sich nach seiner Auffassung das Verhältnis beider zueinander im Zeitalter der Moderne verändert, und dieses neue Verhältnis zwischen Kultur und Politik hat den Nationalismus hervorgebracht. Welche Gründe könnte es sonst noch für diese Entwicklung geben?

Es geht um die Frage der Kontinuität oder vielmehr um eine Reihe miteinander verwobener Kontinuitäten. Haben all diese Phänomene wie Kulturen, Machtstrukturen, die Anerkennung einer bestimmten Kultur als reale Größe (als Objekt von Liebe, Loyalität und Identifikation) sowie der Gebrauch kultureller Identifikation und Differenzierung für *politische* Zwecke über die Grenze zwischen dem Traditionellen und dem Modernen hinaus Bestand (wo auch immer genau man sie ziehen mag)? Der Primordialist ist ein Mensch, der die Vorstellung, daß Nationen selbst wie auch die Idee, sie seien die eigentliche Basis politischer Verbundenheit, irgendwann im Zeitalter der Moderne (wenn auch nicht immer absichtlich) erfunden wurden, beharrlich bestreitet. Er weigert sich zu akzeptieren, daß das den Nationen zugeschriebene Attribut eines bis in alle Ewigkeit zurückreichenden Gedächtnisses schlicht Illusion ist. Ob der Primordialist selbst nun ein Nationalist ist oder nicht, ob er eine bestimmte Kultur/Nation als eine Art Heiligtum verehrt oder nicht, er ist doch zumindest ein Sympathisant des Nationalismus, der auf dem unmeßbaren Alter seiner Nation beharrt (so wie er auch an der Vorstellung festhält, diese Nation habe vorübergehend gewisse, von ihren Feinden herbeigeführte Schlummerphasen durchlaufen). Im Gegensatz dazu betrachtet der Modernist diese archaische Qualität einer Nation als Einbildung oder zumindest als irrelevant.

Welcher Beweis könnte diese Streitfrage ein für allemal klären? Hier geht es nicht mehr um zwei Hypothesen, die einerseits aus der Sicht des gesunden Menschenverstands zwar diametrale Gegensätze darstellen, andererseits jedoch beide den Test sämtlicher verfügbarer Beweismittel bestehen.

Worum es geht ist, wie gesagt, die Frage der *Kontinuität.* Sind Kulturen einem stetigen Wandel unterworfen, einem Entwicklungsprozeß, der sich unablässig über historische Wasserscheiden, die eine Form der sozialen Organisation von der anderen trennen, hinweg fortsetzt? Ohne jeden Zweifel lautet die Antwort »Ja«. Kultur ist in der Tat etwas, das über die Zeit hinweg übermittelt wird. Immerhin impliziert die Vielfalt der Kulturen, die das Wesen menschlicher Existenz überhaupt erst ausmacht, eine Vielfalt auch im Sinne eines Wandlungsprozesses. Kulturen können sich rasch verändern, und manchmal tun sie das auch. Es ist genau jener Unterschied zwischen der genetischen und der kulturellen Form der Überlieferung, der trotz der Tatsache einer gemeinsamen genetischen Grundlage jene verblüffende Vielfalt an Kulturen wie auch die Möglichkeit eines schnellen Wandlungsprozesses überhaupt erst ermöglicht. Daher gibt es keine simple Antwort; Kulturen sind beständig *und* wandlungsfähig. Die empirischen Beweismittel weisen in beide Richtungen. Einerseits haben die Historiker und Sozialwissenschaftler, die sich mit dem Thema der Erfindung von Tradition befaßt haben (vgl. Hobsbawm und Ranger), überzeugend dargelegt, daß sich das, was häufig als eine (bis in archaische Zeiten zurückreichende) Tradition dargestellt wird, regelmäßig als eine (manchmal bewußt lancierte) Erfindung relativ jungen Datums herausstellt und daß jenes angeblich unermeßliche, ihr Geltung verschaffende Alter oft historisch widerlegt ist. Andererseits machen viele »Modernisierer« bei dem Versuch, die Struktur einer Gesellschaft zu reorganisieren, die Erfahrung, daß sich bestimmte Sitten oft mit einer erstaunlichen Zähigkeit behaupten und manchmal selbst radikale Umgestaltungsmaßnahmen überleben. Also besitzen beide Positionen eine gewisse Gültigkeit. Kulturen sind sowohl immerwährend als auch flüchtig. Weder sind sie von Natur aus wandlungsunfähig wie etwa ein Gletscher, der sich nur um wenige Meter pro Jahr fortbewegt und trotz geringer Veränderungen immer derselbe bleibt, noch werden sie ohne jegliche Kontinuität immer wieder neu erfunden. Beide Extreme gibt es, und wenn es Gesetzmäßigkeiten geben sollte, welches der beiden häufiger auftritt, dann sind sie mir jedenfalls nicht bekannt.

Kulturen sind manchmal für diejenigen, die sie einst ins Leben riefen, selbst unsichtbar; sie sehen dann durch sie hindurch, als wären sie Luft. Manchmal wird ihnen als Gegenstand der Verehrung und der Leidenschaft große Bedeutung zuerkannt. Es gibt anscheinend keine allgemeingültige Regel, nach der sich die Unbeständigkeit beziehungsweise die Treue von Menschen gegenüber ihren Kulturen bestimmen ließe. Mit dieser Frage müssen wir uns intensiver beschäftigen, etwa in Form konkreter historischer und ethnographischer Forschung; abstrakte Argumentationen können uns plausible, manchmal überzeugende Erklärungsmodelle bieten, aber sie können diese Angelegenheit nicht aus eigener Kraft entscheiden.

In der Anthropologie und allgemein in den Sozialwissenschaften bestand in letzter Zeit eine gewisse Tendenz, sich ausschließlich mit der Frage der »Kultur«, ihrer Vielfalt und Unumkehrbarkeit zu befassen. Dieser Trend hat verschiedene Ursachen, auf die ich hier nicht näher eingehen kann. Es ist jedoch wichtig, darauf hinzuweisen, wie sehr dieser Trend einem wachsenden allgemeinen Verständnis unseres Themas entgegengewirkt hat. Indem er sich von vornherein, wenn auch nicht ausschließlich, auf »kulturelle« anstatt auf organisatorische Erklärungsmuster konzentriert, fällt er hinsichtlich der wichtigen Frage, ob strukturelle oder aber kulturelle Faktoren *primär* ausschlaggebend waren, ein vorschnelles Urteil. Es ist durchaus möglich, daß es darauf überhaupt keine *allgemeingültige* Antwort gibt, daß die relative Bedeutung dieser beiden Ursachentypen von Fall zu Fall und von Situation zu Situation variiert. Diese einseitig auf Fragen der Kultur, Hermeneutik oder Interpretation angelegten Tendenzen machen es einem jedoch schwer, wenn nicht unmöglich, diese höchst wichtige Frage überhaupt zu stellen, geschweige denn nach Belegen für eine mögliche Antwort zu suchen.

Nationalisten behaupten, ihre eigene Kultur ob ihrer Einzigartigkeit zu lieben; sie sei, so sagen sie, von einer besonderen Anmut. Wenn sie darüber nachdenken, stellen sie fest, daß ihre Gefühle sehr tief in ihrem Herzen verankert sind, und eben aus diesem Grund sind sie Patrioten. So weit – so gut. Wenn Nationalismus aber ein allgemeines Phänomen ist, das eine Vielzahl von unterschiedlichen Nationen gleichermaßen umfaßt, dann kann man ihn doch offensichtlich nicht auf Gründe zurückführen, die intern, innerhalb einer einzelnen nationalen Bewegung wirksam sind. Diese Gründe sind an eine bestimme Nation und ihre Kultur gebunden; sie lassen sich nicht verallgemeinern, sonst wäre eine Rivalität unter verschiedenen nationalistischen Bewegungen gar nicht denkbar. Folglich kann eine allgemeine Erklärung des Phänomens nicht auf das Innenleben einer bestimmten Kultur beschränkt sein; sie ist zwangsläufig außerhalb einer spezifischen Kultur angesiedelt und muß erklären können, warum sich Kulturen *im allgemeinen* zu einem politischen Prinzip wandeln, einem Prinzip, das auf der Abschottung einzelner politischer Verbände beruht. Ob Kulturen selbst beständig sind oder nicht, sei dahingestellt.

Wenn die Kontinuität von Kultur eine offene Frage darstellt, auf die es wahrscheinlich viele verschiedene Antworten anstatt einer einzigen allgemeingültigen Antwort gibt, wie steht es dann mit der Frage nach dem (dauerhaften oder kurzzeitigen) »politischen Sex-Appeal« von Kulturen? Auch hier ist nicht klar, ob es überhaupt eine allgemeingültige Antwort gibt. Einige Kulturen haben in der Vergangenheit politisches Handeln beeinflußt, insgesamt aber handelte es sich dabei um Ausnahmeerscheinungen. In unserer modernen Welt ist Nationalismus nicht die einzige Kraft, noch ist er immer erfolgreich. Es läßt sich nur soviel sagen: Wir verfügen über eine grundplausible und überzeugende Argumentation, die zeigen soll, daß (a) kulturelle Homogenität in Agrargesellschaften in den seltensten Fällen für die Bestimmung politischer Grenzen ausschlaggebend ist, während dieser Aspekt in der modernen, industrialisierten und wissenschaftlich durchdrungenen Welt einen sehr wahrscheinlichen Bestimmungsfaktor darstellt. Wir können weiterhin davon ausgehen, daß (b) der Übergang von einer agrarischen zu einer industrialisierten Welt auch den Übergang von einer Welt, in der die (bildungsabhängige) Hochkultur, sofern überhaupt vorhanden, einer privilegierten Minderheit vorbehalten war, zu einer anderen Welt bedeutet, in der diese Hochkultur plötzlich die gesamte Gesellschaft umfaßt. Ich habe diese allgemeinen Beobachtungen als ursächlich mit dem Aufkommen des Nationalismus verwoben dargestellt.

Die verfügbaren Belege bestätigen dies im großen und ganzen, jedenfalls was Europa anbelangt; für andere Erdteile treffen sie nicht vollständig zu. Hier lassen sich die Dinge vorerst, das heißt bis weitere Indizien vorliegen oder weitere Argumente verfügbar sind, nicht endgültig beurteilen. Die bekannten Gegenargumente und Gegenbeweise können unsere Theorie zwar nicht widerlegen, aber sie als hieb- und stichfest darzustellen wäre ebenfalls verfrüht. Wenn sie stimmt, und dies bleibt abzuwarten, dann ist Nationalismus vom Grundsatz her ein typisch modernes Phänomen; dabei geht es mir wohlgemerkt nicht darum zu erklären, warum *einzelne* Kulturen gelegentlich so beständig sind, beziehungsweise warum in der Vergangenheit *einzelne* Kulturen die Macht besaßen, aus sich selbst heraus politische Aktion und Loyalität auszulösen. Wenn wir Nationalismus verstehen wollen, müssen wir, so scheint es mir, vor allem darauf achten, was an der modernen Welt besonders ist, anstatt auf das, was sie mit der Vergangenheit teilt. Meine persönliche Meinung ist, daß manche Nationen einen ureigenen Nabel besitzen, daß andere Nationen diesen mit Hilfe ihrer eigenen nationalistischen Propaganda für sich erfunden haben und daß wieder andere von Natur aus nabellos sind. Ich vertrete außerdem den Standpunkt, daß die mittlere Kategorie bei weitem die größte ist, auch wenn ich mich durch überprüfbare Forschungsergebnisse gerne korrigieren lasse. Auf jeden Fall ist dies die Kernfrage; auf sie kommt es an.

Ein Beispiel: Der tschechische Nationalismus

Der tschechische Nationalismus eignet sich ebenso gut wie jeder andere Nationalismus, um unsere Annahmen zu testen. Die tschechische Kultur und ihr Verhältnis zu einem politischen Verband, dessen Zentrum Prag ist, läßt sich auf der Skala zwischen nabellosen und solchen Nationen, die über einen echten Nabel zu verfügen scheinen, etwa in der Mitte ansiedeln. Die Esten dagegen repräsentieren jenen erfolgreichen nabellosen Nationalismus. Zu Beginn des neunzehnten Jahrhunderts besaßen sie noch kein eigenes nationales Selbstbewußtsein; sie sahen sich selbst lediglich als »die, die auf dem Land lebten«, in Abgrenzung zu den schwedischen oder deutschen Bürgern beziehungsweise russischen Bürokraten. Für ihre Volksgruppe gab es nicht einmal eine Bezeichnung.

Aber genau wie die einst wirksamen Bedingungen der Agrargesellschaft die Dominanz einer kleinen Minderheit von Fremden zuließen beziehungsweise förderten, so förderten die Bedingungen des modernen Lebens nun die demographische Mehrheit, so unvorteilhaft deren politische Basis auch war. Eine nationale Kultur war geboren, und zwar mit Hilfe jener für das neunzehnte Jahrhundert typischen Methoden (Nationaltheater, Museum, Bildung). Dieser Vorgang wurde äußerst gründlich betrieben und war schließlich in höchstem Maße erfolgreich; das Volkskundemuseum in Tartu beispielsweise besitzt für ungefähr jeden zehnten Esten ein kulturelles Exponat und wird von einem gewissenhaften inoffiziellen Mitarbeiterstab ständig mit Nachschub versorgt. Die estnische Kultur ist nicht bedroht; der Bildungsgrad und das allgemeine Selbstbewußtsein sind extrem hoch. Nach dem Zusammenbruch des Zarenreiches sicherten sich die Esten die politische Unabhängigkeit, die sie schließlich nach dem Niedergang des Bolschewismus wiedererlangten. Die Tatsache, daß keinerlei Anzeichen für eine historische Verbindung der estnischen Kultur mit einem Staat bestehen, ist nicht von Belang; dieser Nationalismus steht mit einer solchen Dreistigkeit zu der Tatsache, daß er über keinen Nabel verfügt, daß er sich nicht einmal dazu herabläßt, einen zu erfinden. Trotzdem gedeiht die nationale Kultur der Esten so prächtig, als könne man ihr nichts anhaben; der sie begleitende politische Wille ist nicht minder stark und mächtig. (Man beachte den interessanten Kontrast zu dem nicht so weit entfernten Weißrußland, das sich mit Litauen um einen Nabel streitet, nämlich um die Frage, ob das mächtige Herzogtum Litauen im Mittelalter tatsächlich litauisch war oder aber weißrussisch. Natürlich ist sein Ursprung litauisch, aber es wird behauptet, jener slawische Dialekt, der der direkte Vorfahre des modernen Weißrussisch ist, sei die damalige Hauptsprache gewesen. Hier haben wir einen Nabel, jedoch zwei Nationen.)

Am anderen Ende Europas treffen wir auf moderne politische Verbände, die eindeutig politisch-institutionelle Vorgänger vorweisen können, die sich wiederum einer Hochkultur verpflichtet fühlten. Der tschechische Fall liegt genau dazwischen. Es ist unbestreitbar, daß das mittelalterliche und frühneuzeitliche Böhmen (wie auch die anderen »Lande der Krone des heiligen Wenzel«) ein wichtiger politischer Verband war;

ebenso unbestritten ist, daß dieser mit einer (wenn auch nicht als solcher definierten) tschechischen Kultur einherging; auch besaß er eine Schriftsprache, die ihrerseits auf einer Hochkultur beruhte. All dies steht außer Zweifel, zumindest in bezug auf die grobe Einschätzung der Situation. Aber im siebzehnten Jahrhundert nach dem Ende der Religionskriege und nach dem Westfälischen Frieden verschwand das Königreich Böhmen schließlich von der politischen Karte Europas. Zunächst behielt es als eines von mehreren habsburgischen Herrschaftsgebieten, die allein aufgrund der vom Kaiser selbst verkörperten Personalunion zusammenhingen, seinen Namen noch bei, aber selbst diese nominale Existenz verlor zunehmend ihre Konturen. Der viel größere Verband, der es schließlich ablöste, hatte mit der tschechischen Sprache, die ihre Rolle als Träger einer Hochkultur eingebüßt hatte und allmählich zu einem Bauerndialekt herabsank, schon nichts mehr im Sinn. Durch das demographische Wachstum und die soziale Mobilität infolge der industriellen Revolution eroberte die tschechischsprachige Bevölkerung, die in Böhmen und Mähren die Mehrheit stellte, die Städte jedoch allmählich zurück und verhalf ihrer Sprache wieder zu ihrer ursprünglichen Rolle als Hochsprache.

Im Vergleich zu den Esten besteht jedoch ein wichtiger Unterschied. Die Esten hatten keinen historischen Nabel. Sie waren in einer für den Nationalismus anfälligen Situation durch einen Prozeß der Natiogenese entstanden und hielten sich erst gar nicht damit auf, einen Nabel zu erfinden. Nicht so die Tschechen: Ein Nabel stand zur Verfügung und war jedem kompetenten Historiker zugänglich. Das böhmische Königreich genoß große Bedeutung. Die Universität von Prag beispielsweise konnte auf eine Geschichte zurückblicken, die bis ins vierzehnte Jahrhundert zurückreichte, und sogar ein unmißverständliches nationalistisches Leitthema vorweisen; man beschäftigte sich nämlich mit der Frage nach dem »angemessenen« Zahlenverhältnis zwischen tschechischen und nichttschechischen Studenten. Aber wichtiger noch als all dies ist die Tatsache, daß im frühen fünfzehnten Jahrhundert auf böhmischem Boden eine frühprotestantische Bewegung, die Hussiten, entstand, die päpstlichen und kaiserlichen Unterdrückungsversuchen erfolgreich widerstand. So gesehen trugen Böhmen und die tschechische Kultur maßgeblich zum Verlauf der europäischen Geschichte bei.

Die wichtigste Figur in der Geschichte des tschechischen Nationalismus war natürlich der Befreier und spätere Staatspräsident Tomáš G. Masaryk, ein Universitätsprofessor, dem es gelang, in den Rang eines beispiellos erfolgreichen Philosophenkönigs aufzusteigen. Er war, übertragen auf den Fall Italiens, fast so etwas wie Mazzini, Cavour und Garibaldi in einer Person; Masaryk entwarf die Theorie, führte selbst die internationalen Verhandlungen und befehligte während des Ersten Weltkriegs die Tschechische Legion, die für den Anspruch auf nationale Unabhängigkeit einzutreten und ihn zu legitimieren hatte.

Worin genau bestand eigentlich die Kernaussage der Theorie Masaryks? Es sei betont, daß seine Schriften von großer Bedeutung sind. Sie werden nicht etwa allein deshalb gelesen, weil seine Politik so erfolgreich war. Er war in erster Linie Moralist, nicht romantischer Nationalist. Er rechtfertigte seinen Nationalismus mit dem Argument, jener habe zur grundlegenden geschichtlichen Entwicklung, die ihrerseits eine zutiefst moralische Angelegenheit darstelle, maßgeblich beigetragen. Das Geheimnis der Geschichte bestehe in der Verwandlung ehemals autoritär und dogmatisch geprägter politischer und klerikaler in liberale und demokratische Systeme. Das Streben der Tschechen nach Unabhängigkeit wurde durch die Tatsache gerechtfertigt, daß es den Habsburgern nicht gelungen war, sich selbst von ihrem traditionellen Autoritarismus und katholischen Dogmatismus zu befreien; aus diesem Grund hätten sie es verdient, auf den Trümmerhaufen der Geschichte geworfen zu werden. Vorangetrieben von den neuen Möglichkeiten, die der Krieg eröffnete, distanzierte sich Masaryk von der Position František Palackýs, des tschechischen Historikers und Erwekkers, der den »Austro-Slawismus« angestrebt hatte; darunter verstand man einen Donaustaat, der die kleinen Nationen Mitteleuropas zusammenführen und vor dem deutschen Expansionismus und der russischen Autokratie beschützen sollte.

Man bedenke, daß Masaryks moralischer Nationalismus auf einer internationalistischen Grundprämisse beruhte; so war es das allgemeine Streben nach Freiheit und Demokratie jener Zeit, das den tschechischen Nationalismus und dessen Anspruch auf politische Unabhängigkeit (als eines seiner Instrumente) rechtfertigte. Es handelt sich also nicht um einen eigenwilligen, einseitig nach innen gerichteten Nationalismus, ganz im Gegenteil.

Masaryk betrachtete die Tschechen im Hinblick auf die allgemeine Demokratisierungstendenz keineswegs als »Zuspätgekommene«. Er berief sich auf die Hussiten wie auch diverse Sektiererbewegungen, die ihnen gefolgt waren, und die er als überzeugte Demokraten und Egalitaristen pries. Die tschechischen Wertvorstellungen hätten schon immer in diese Richtung gezielt, und nur der unglücklichen Niederlage im Jahre 1620 sei es zuzuschreiben, daß diese dem Wohl aller verpflichtete Grundeinstellung während der drei folgenden traurigen Jahrhunderte unterdrückt wurde.

So verhalf Masaryk dem tschechischen Nationalismus nicht nur zu seinem Sieg im Jahre 1918 und zur Ratifizierung im Rahmen des Versailler Vertrags, sondern er verschaffte ihm auch einen eigenen Nabel. Nun stellt sich uns als Nationalismustheoretikern, die sich mit der Debatte zwischen Primordialisten und Modernisten befassen, folgende wichtige Frage: War dieser Nabel ein historisch »echter« oder ein erfundener Nabel?

Aus der Sicht Masaryks war er natürlich echt. Masaryk war

sich der Tatsache bewußt, daß einiges gegen die These sprach, die Tschechen des fünfzehnten Jahrhunderts hätten sich geradlinig zur modernen tschechischen Kultur weiterentwickelt. Er beklagte die zunehmende Unterjochung der Landbevölkerung im späten fünfzehnten Jahrhundert, die Männer zu verantworten hatten, die nach seinem Verständnis die Vorboten der modernen Demokratie hätten sein sollen. Es handelte sich aus seiner Sicht schlicht um ein bedauerliches Fehlverhalten ihrerseits.

Andere Tschechen waren jedoch der Ansicht, daß Masaryk sich nicht in Detailfragen, sondern im Kern seiner These geirrt hatte. Während der kommunistischen Unterdrückung gelang es einem anderen Philosophieprofessor namens Jan Patočka, die Führung der einzigen öffentlich in Erscheinung tretenden Oppositionsbewegung »Charta 77« für seine Ideen einzunehmen. In einem bemerkenswerten posthum veröffentlichten Buch beschreibt Patočka seine eigene Anschauung vom Charakter, Schicksal und der historischen Rolle der tschechischen Kultur. Zum Teil nimmt er lediglich die Argumente früherer Kritiker Masaryks wie des einflußreichen Historikers Josef Pekař wieder auf.

Die Position Patočkas stellte den von Masaryk postulierten Nabel in Frage. Seine eigene Sicht läßt sich wie folgt grob zusammenfassen: Zwischen den Hussiten und der zugegebenermaßen egalitaristischen und liberalen modernen tschechischen Nation bestehe kein kontinuierlicher Zusammenhang. Es handele sich bei Masaryks Position vielmehr um einen Anachronismus; die Hussiten hätten als mittelalterliches Volk kaum gute moderne Sozialdemokraten abgegeben. Die wahren Wurzeln der modernen tschechischen Kultur lägen vielmehr in der Reaktion der katholischen Landbevölkerung auf die bürokratische Zentralisierung der Aufklärung, die von den Habsburgern im späten achtzehnten Jahrhundert eingeführt worden war. Diese Reaktion habe sich dann später weiter ausgebreitet, als diese Landbevölkerung in die Städte zog. Die ehemaligen Bauern hätten die Ideen der Hussiten, deren Egalitarismus ihren eigenen plebejischen Neigungen entgegenkam (Patočka war gegen beides) erst später, als sie auf der Suche nach einem eigenen theoretischen Bezugspunkt waren, für sich wiederentdeckt. Der Masaryksche Nabel sei eine Fälschung. Nach der Auffassung Patočkas beziehungsweise Pekařs gibt es aber einen »echten Nabel«, der allerdings nicht so alt ist und zudem den Nachteil hat, den nationalen Mythos, der die Tschechen als tapfere Vorhut der Demokratie innerhalb eines ansonsten rückständigen Mitteleuropas darstellt, zu entkräften.

Doch dieser Nachteil konnte sich unter veränderten Bedingungen in einen Vorteil verwandeln. Masaryk hatte seine Version der tschechischen Geschichte als Grundlage für eine eindeutig prowestliche Außenpolitik genutzt; die tschechische Demokratie sollte durch ihre Allianz mit dem Westen, der, wie die Geschichte ihm bescheinigte, demokratisch und unbezwingbar war, an Stabilität gewinnen. Die Demokratie galt als genauso unbesiegbar wie die französische Armee, wenn man überhaupt in der Lage war, zwischen beidem zu unterscheiden.

München bereitete diesen Illusionen ein Ende. Der demokratische Westen stand seinen ideologischen Handlangern in Mittelosteuropa nicht zur Seite, und das Jahr 1940 bewies, daß er auch nicht unbesiegbar war. Das Münchner Abkommen ließ von Masaryks Geschichtsphilosophie nichts mehr übrig. Den Hang der Tschechen zu einer demokratisch-egalitaristischen Politik zerstörte es jedoch nicht, und als die Demokratie nach dem Zusammenbruch des Kommunismus zurückkehrte, hatte sie ihre Masaryksche Prägung verloren. Hätte man die Tschechen nach ihren Beweggründen gefragt, hätten sie wohl geantwortet: Wir sind Demokraten aufgrund unserer konsumistischen Einstellung und nicht wegen einer hochtrabenden historischen Tendenz; westliche Märkte interessieren uns mehr als westliche Werte. Und so gab das »Kleintschechentum« (insbesondere nach der erfolgreichen Loslösung des slowakischen »Mezzogiorno«) und nicht etwa eine geschichtsphilosophische Idee den Ton an. Als sich Laissez-faire-Ökonomen und Katholiken in der neuen Regierung der geschrumpften und introvertierten Tschechischen Republik gegenübersaßen, fühlten sie sich dem Nabel Patočkas wohl eher (wenn auch nicht gänzlich) verbunden als dem Masaryks.

Manche Nationen haben einen Nabel, andere müssen ihn sich erkämpfen, wieder anderen wird er einfach »angedichtet«. Diejenigen, die über einen echten Nabel verfügen, sind wahrscheinlich in der Minderheit, aber das ist kaum von Belang. Wichtig ist zu verstehen, daß die allgemeine Sehnsucht nach einem eigenen Nabel überhaupt erst durch die Moderne geweckt wurde.

Praktische Konsequenzen

NATIONALISTISCHE Auseinandersetzungen haben direkt oder indirekt immer wieder großes Leid verursacht. Nationalismus ist nicht nur ein Phänomen, sondern auch ein Problem, und das nicht nur für jene, die Nationen als Grundlage einer politischen Ordnung für absolut ungeeignet halten, etwa aufgrund einer internationalistischen Haltung oder weil sie eine Klassentheorie vertreten. Selbst wenn man sich nicht *a priori* einem bestimmten Lager verbunden fühlt, muß einen die durch den Nationalismus verursachte Verwüstung, das Leiden, die Grausamkeit und Ungerechtigkeit beunruhigen. Bietet die vorliegende Theorie (deren Gültigkeit wir voraussetzen) praktische Empfehlungen, wie mit diesem Problem umzugehen ist?

Es gibt keine Zauberformel, mittels derer man ethnische Konflikte verhindern und durch paradiesische Harmonie ersetzen könnte. Sicherlich läßt sich aus der dargebotenen Bestandsaufnahme folgern, daß es ziemlich müßig wäre, sich unter Berufung auf die Brüderlichkeit aller Menschen in einer Moralpredigt gegen den Nationalismus zu ergehen. Der Hang zu nationalistischen Gefühlen in der Politik wurzelt nach meiner These in der Lebensweise des modernen Menschen selbst; sie verlangte danach, daß jeder politische Verband von einer einzigen homogenen Hochkultur geprägt ist, und verdammt alle, die dieser Kultur nicht angehören oder von ihr abweichen, zu einem entwürdigenden Status zweiter Klasse. Angesichts dieser Situation *müssen* Menschen förmlich zu Nationalisten werden, und so wäre es sinnvoller, die Entstehungsbedingungen des Nationalismus anzugehen, anstatt seine Opfer eines Besseren belehren oder ihnen ihre Gefühle ausreden zu wollen, die unter diesen Umständen nur allzu natürlich sind.

Gleichzeitig ist es ein großer Irrtum, den Nationalismus schlicht als Ausdruck eines universellen Territorial- oder Sippentriebes zu sehen. Vielleicht ist der Mensch in einem gewissen Maße von Natur aus der Macht dunkler Gottheiten ausgeliefert und erfährt Befriedigung erst durch seine Hingabe an diese Götter; und vielleicht entspricht das, was diese Götter fordern, nicht immer unserer Vorstellung vom »Guten«. Auch das ist ein Problem, dem wir uns stellen müssen, und möglicherweise überlagern seine Auswirkungen das Problem, das Thema dieses Buches ist. Vielleicht gibt es in jeder Zivilisation Unzufriedene, und vielleicht ist es unser Schicksal, immer wieder einen schmerzhaften Kompromiß zwischen der Befriedigung unserer Instinkte und einem zivilisierten Zusammenleben, zwischen der Sehnsucht nach einer »bedeutungsvollen« Ordnung und den Forderungen der Vernunft zu suchen. Ernüchterung, Entfremdung, Anomie, der »eiserne Käfig« – all diese Dinge sind möglicherweise unser Los, und vielleicht sollte die gesellschaftliche Ordnung dies endlich anerkennen, anstatt weiter danach zu streben, sie ein für allemal auszurotten. Und doch ist das Problem des Nationalismus spezieller als diese allgemeinen Formen menschlichen Leids es vermuten lassen. Er erfordert eine genauere Diagnose und speziell auf ihn abgestimmte Heilmittel.

Aber welche Heilmittel gibt es?

Politische Stabilität ist in sich allein ein wertvolles Gut. Hierin ist dem Konservatismus beizupflichten. Die Idee, daß eine gut funktionierende und bewährte politische Ordnung einer Korrektur bedarf oder abgeschafft werden muß, nur weil sie von einem abstrakten Prinzip (wie dem der »nationalen Selbstbestimmung«) abweicht, ist in der Tat absurd; genauso absurd ist jedoch die entgegengesetzte Vorstellung, die reine Existenz einer bestimmten Machtstruktur oder eines politischen Systems impliziere automatisch auch dessen Legitimität. Manche »real existierenden« Systeme haben keine Aussicht auf Beständigkeit. (Man denke an den pathetischen letzten Versuch des Bolschewismus, seine Legitimität auf den Umstand seiner »realen Existenz« zurückzuführen, die, wie es das Schicksal wollte, jedoch nicht allzu lange Zeit andauern sollte.) In solchen Fällen müßte man korrekterweise fragen, *wie* (nicht ob) sich diese Systeme am besten verändern lassen. In unserem Zeitalter fallen viele jener politischen Systeme, die von einem kulturellen Pluralismus und einer hartnäckigen Ungleichheit zwischen den Kulturen geprägt sind, in diese Kategorie. Ihnen wird die Tatsache, daß sie die nationalistische Doktrin einst nicht befolgten, wohl zum Verhängnis werden.

Obwohl keine absolut gültigen Regeln aufgestellt werden können, gilt es im allgemeinen, die betreffenden politischen Systeme außer Kraft zu setzen oder allmählich neu zu ordnen. Die uneingeschränkte Freude angesichts des plötzlichen Zusammenbruchs des Habsburger-, des sowjetischen oder jugoslawischen Staates war wohl Ausdruck einer gewissen Naivität. Die Konservativen haben insoweit recht, als sie eine Mischung aus Kontinuität, Brauchtum und einem nicht auf Vernunft gegründeten Konsens als den wirksamsten sozialen Mörtel betrachten. (Es gibt selten »gute Gründe«, der einen Autorität zu gehorchen anstatt einer anderen.) Der Mensch gehorcht etablierten Autoritäten und beachtet bewährte Bräuche und Gepflogenheiten nur deshalb, weil die anderen es auch tun. Indem er sich der stummen Mehrheit anschließt, steigert der einzelne (beziehungsweise eine Gruppe) seine Aussicht auf

Frieden und erhöht die Wahrscheinlichkeit, seine Privatinteressen ungestört weiterverfolgen zu können. Wenn eine etablierte Ordnung erst einmal gestört ist, sind die Grenzen von Legitimität und Autorität plötzlich nicht mehr klar erkennbar und die Rivalen um die Macht können sich nur noch durch einen bewaffneten Wettstreit (nicht etwa mit Argumenten) gegeneinander durchsetzen. Es ist kein Zufall, daß so viele ideologische Revolutionen mit Angst und Schrecken und so viele Großreiche in Krieg und Vernichtung enden.

Für ethnische Auseinandersetzungen gilt, daß im allgemeinen keine idealen Lösungsstrategien zu finden sind. Manche mögen deutlich ungerechter sein als andere, aber wirkliche Gerechtigkeit kann es dabei nicht geben. Das »Recht der Nationen auf Selbstbestimmung« *klingt* nach einem Grundsatz, der in allen konkreten Konfliktsituationen verwirklicht werden könnte und der die »einzig richtige« Lösung verspricht. Aber das ist Unsinn. Die verschiedenen Prozeduren, die die Umsetzung dieser Idee erfordert, sind miteinander unvereinbar; denn soll man sich nun in erster Linie an demographischen, historischen oder geographischen Kriterien orientieren? Die Anwendung des demographischen Grundsatzes (nach dem Motto »Möge die Mehrheit der Bevölkerung den Ausschlag geben«) hängt davon ab, wie die Grenzen der einzelnen Einheiten letztlich gezogen werden, und diese Grenzmarkierung kann nur allzu leicht manipuliert werden. Ein weiterer wichtiger Punkt ist die strategische Sicherheit und das subjektive Sicherheits*gefühl*: ›Unsere Nation wurde in der Vergangenheit angegriffen und wird wahrscheinlich wieder angegriffen. Können wir vor diesem Hintergrund eine Grenze akzeptieren, die es dem Feind ermöglichen würde, das Land mit Leichtigkeit entzweizureißen oder die Hauptstadt mit einfachsten Mitteln einzunehmen?‹ Schließlich ist noch jener pikante Grundsatz zu nennen, auf den man sich im Kosovokonflikt berufen hat: Man kann von einer Nation nicht erwarten, daß sie sich freiwillig von einem

Stück Land trennt, auf dem sie größtes nationales Unglück erlebt hat, auch dann nicht, wenn es größtenteils von Fremden besiedelt ist.

Solche Wahlverbände sind niemals vorgegeben; sie werden willkürlich festgelegt, und so hängt das Aussehen der künftigen Einheit vor allem davon ab, welche Kriterien diesem Prozeß zugrunde gelegt werden. Sollte man das Kriterium der historischen Kontinuität oder das der geographischen Kohärenz etwa außer acht lassen? Ein weiterer Grundsatz, auf den man sich berufen könnte, ist das Argument, daß selbst eine kulturelle/nationale Gruppe, die nirgends eine Mehrheit darstellt, dennoch (oder gerade deshalb) irgendwo einen sicheren Hafen braucht. Außerdem ist zu beachten, daß die Verbundenheit einer Kultur mit einem bestimmten Gebiet davon abhängt, ob die betroffene Volksgruppe Mikrochips produziert, Kartoffeln anbaut, Kamele hütet oder Rentiere jagt. Industriegesellschaften sind überaus flexibel, und man kann nicht behaupten, ihre Bevölkerung sei mit dem Boden, auf dem sie lebt, eng verbunden; schließlich sehen alle Vorstädte der industriellen Welt etwa gleich aus, und wo man sich gerade befindet, ist beinahe gleichgültig. In Agrargesellschaften dagegen kommt diesem Boden aus offensichtlichen Gründen eine viel größere Bedeutung zu, auch wenn ihren Mitgliedern das nicht immer bewußt ist. Hirtenvölker kennen das Land, das sie nutzen, sehr genau, aber sie legen auf ihren Wanderungen große Strecken zurück. Auch bei Jägervölkern ist das so, aber es handelt sich bei ihnen meist um kleinere Gruppen, und unter den Bedingungen der modernen Welt werden sie fast immer von fremden Einwanderern zahlenmäßig überwogen. Nach welcher Formel soll man sich richten, um die Gebietsansprüche von Gruppen, die nach Selbstbestimmung streben (was angeblich ein souveränes Gebiet voraussetzt), gegeneinander abzuwiegen? Gibt es überhaupt so eine Formel, etwa: Ein Jäger entspricht fünf Hirten, zehn Bauern oder einhundert Industriearbeitern? Hieße dies nicht, Industriearbeiter als minderwertige Menschen zu betrachten? Und sind sie etwa nicht in der Lage, gelegentlich eine tiefe und aufrichtige Zuneigung für ihr Heimatland zu empfinden? Da sie im Gegensatz zu den anderen Gruppen meist lesen und schreiben können, sind sie wahrscheinlich eher mit romantischer Literatur vertraut und empfinden derartige Gefühle sogar häufiger.

Kurz gesagt: Die verschiedenen Kriterien widersprechen einander fast immer. Darum können »Lösungen« nie allein auf dem Gerechtigkeitsprinzip beruhen; schließlich ist Gerechtigkeit in dieser Angelegenheit nur eines von vielen Kriterien. Darum sind neben anderen äußeren Faktoren unbedingt und in erster Linie Kriterien wie Stabilität und Kontinuität zu berücksichtigen. Der Status quo ist zwar nicht unantastbar, er sollte jedoch mit Respekt (wenn auch nicht mit Ehrfurcht) behandelt werden. Daß das real Existierende auch das Vernünftige ist, gehört zu den schwachsinnigsten Behauptungen, die in der Philosophie je vertreten wurden (obwohl es noch andere Bewerber um diesen Titel gegeben hat). Dagegen empfiehlt es sich, die abgeschwächte Version dieser Idee ernstzunehmen, nämlich daß das Reale im Vergleich zu manchen Alternativen möglicherweise das geringere Übel ist und daß man es tunlichst nicht unüberlegt und überstürzt über Bord werfen sollte.

Neben der Frage nach Stabilität und Kontinuität ist auch die Frage nach dem Wohlstand einer Gesellschaft von Bedeutung. Menschen, die über Wohlstand verfügen und die vor allem davon ausgehen, daß ihre Situation sich weiter verbessern wird, lassen sich nicht so leicht zu gewaltsamen Handlungen hinreißen, die ihre Welt zerstören würden. Menschen, die in einer sich stetig verschlechternden Situation leben (von den Fällen absoluten Elends ganz zu schweigen), sind dagegen anfällig für gewalttätige Auseinandersetzungen. Abgesehen von dieser sehr allgemeinen Betrachtungsweise, die möglicherweise für alle Menschen gleichermaßen gilt, zieht der Wohlstand in Industriegesellschaften neben den genannten weitere spezifischere Konsequenzen nach sich; so geben Bürger sozial und ökonomisch gut entwickelter Länder selten vorzügliche und eifrige Soldaten ab.

Außerdem begünstigt ein hohes Maß an Industrialisierung die Entstehung weiträumigerer politischer Einheiten sowie eine stärkere lokale Autonomie, also eine Art »Kantonisierung«. Die allgemeine technologische Entwicklung macht ein wirksames supranationales Machtsystem erforderlich; die Verfügbarkeit von Rohstoffen für die Produktion nuklearer, biologischer und anderer Waffen nimmt immer mehr ab. Die Verfügbarkeit des dafür notwendigen »Know-hows« dagegen nimmt unvermeidbar immer mehr zu. So kann es nicht mehr allzu lange dauern, bis nur noch ein effektives zentrales Kontrollsystem in der Lage ist, ökologische Katastrophen beziehungsweise Erpressungsversuche kleiner Gruppen zu verhindern, die bereit und in der Lage wären, den Ländern, die ihren Forderungen nicht nachkommen, ein schreckliches Los zu bereiten. Dieses Szenario scheint letztlich für die Unvermeidbarkeit eines supranationalen Machtsystems zu sprechen, da derartige Bedrohungen anders nicht bezwingbar wären.

Gleichzeitig zeichnet sich aber auch eine andere Entwicklung ab. Industrieller Wohlstand hat nur zum Teil etwas mit dem Besitz einzelner Personen beziehungsweise Familien zu tun; er ist mindestens im gleichen Maße an eine stabile Infrastruktur gebunden, die von einzelnen gar nicht aufgebaut beziehungsweise aufrechterhalten werden kann. Die Folge ist, daß ein beträchtlicher Anteil der globalen Produktion nicht in den Händen einzelner liegt, sondern vielmehr von kollektiven/politischen Agenten abhängt, die diese Infrastruktur verwalten. Dies hat wiederum zur Folge, daß sämtliche Interessengruppen dazu motiviert werden, sich zu organisieren und zu mobilisieren, um auf den kollektiv betriebenen Teil des Staates entsprechend ihrer eigenen Interessen Einfluß zu nehmen.

Unter diesen potentiellen Interessengruppen sind die regional organisierten die sichtbarsten, und es gibt tatsächlich Anzeichen dafür, daß sie auch vitaler sind und ein stärkeres Geltungsbedürfnis entwickeln als andere Interessengruppen.

Sollten diese beiden Entwicklungen tatsächlich gleichzeitig stattfinden, dann kann das bedeuten, daß in der industriellen Welt (ähnlich wie in der Welt des Agrarzeitalters) die maßgeblichen politischen Verbände demnächst entweder kleiner oder größer sind als jene »nationalen« Verbände, die auf bestimmten Hochkulturen basieren. Genau wie die Stadtstaaten früherer Zeiten subethnisch, Großreiche dagegen superethnisch organisiert waren, so werden künftige Machtsysteme, deren Funktion darin besteht, nukleare und ökologische Katastrophen zu verhindern oder den Drogen- und Waffenhandel einzudämmen, auf einer superethnischen Ebene agieren müssen, während sich die Sphäre der Bildungs- oder Wohlfahrtssysteme möglicherweise subethnisch organisieren wird. Dies ist eher eine Hoffnung als eine Prognose, aber es ist keine unrealistische Vorstellung.

Schließlich wäre da noch die Herausbildung nichtterritorialer Kulturvereine zu nennen, deren Funktion darin bestehen könnte, Patriotismus (Verbundenheit mit der eigenen Kultur und deren Trägern) und territoriale Besessenheit zu entkoppeln. In unserem Jahrhundert hat es ein wichtiges Beispiel für eine derartige »Entterritorialisierung« des Nationalismus gegeben. Heutzutage weiß jeder, daß die Macht und das Ansehen einer Nation nicht davon abhängt, inwieweit es ihr gelingt, einen möglichst großen Teil der Landkarte in ihren Farben zu streichen, sondern an ihrem Wirtschaftswachstum und ihrer ökonomischen Potenz gemessen wird. Eine weitere »Entterritorialisierung« wäre in der Tat erstrebenswert. Gefordert ist die Fähigkeit, ruritanische Volksmusik zu lieben, ohne gleich Souveränitätsansprüche über die Dörfer geltend zu machen, in denen diese Musik angeblich zum ersten Mal gesungen wurde.

Aber dies zu erreichen wird ein äußerst schwieriges Unterfangen sein; immerhin werden in der gesamten romantischen Literatur Nationalkulturen vergöttert, die grundsätzlich territorial definiert sind. Andererseits sollte es mit Hilfe der modernen Kommunikationstechnologie doch möglich sein, innerhalb »eines Landes« gleichzeitig zwei oder mehrere nationale Fernsehsender zu empfangen ... Wie dem auch sei, in weiten Teilen der Erde existieren unzählige Kulturen nebeneinander, und dort gibt es nur zwei Möglichkeiten: Entweder man erreicht einen friedlichen Pluralismus und damit die Entzauberung des nationalen Territoriums, oder man hat irgendwann mit ethnischen Säuberungen zu rechnen. Wer einigermaßen menschlich denkt, wird angesichts dieser beiden Alternativen nicht lange zögern.

Die einzigen allgemeinen Empfehlungen, die wir geben können, sind also: die Präferenz der »Stabilität« beziehungsweise die Vermeidung einer Destabilisierung ohne die Gewähr für einen geordneten Übergang zum Nachfolgeregime; Wohlstand; die Zentralisierung der für die Erhaltung der Ordnung maßgeblichen Organe sowie die Kantonisierung der sozialen Zuständigkeitsbereiche; ein kultureller Pluralismus und die Entzauberung des Territoriums. Diese Empfehlungen mögen banal erscheinen, aber sie sind immerhin in einen kohärenten theoretischen Rahmen eingebettet, der erkennbar macht, worin das Problem des Nationalismus eigentlich besteht. Sollte jemand über bessere Empfehlungen verfügen, die zugleich auch realistisch sind, würde ich nur allzu gerne von ihnen erfahren.

Literatur

Eric Hobsbawm und Terence O. Ranger, *The Invention of Tradition*, Cambridge 1983.

Elie Kedourie, *Nationalism*, Oxford 1960 (deutsch: *Nationalismus*, München 1971).

Gerhard Lenski, *Power and Privilege. A Theory of Social Stratification*, New York 1966 (deutsch: *Macht und Privileg. Eine Theorie der sozialen Schichtung*, Frankfurt/M. 1977).

Zdzisław Mach, »National Symbols in the context of ritual. The *Polish* example«, in: *Journal of the Anthropological Society of Oxford* 16, 1985, S. 19–34.

Michael Mann, »The emergence of modern European nationalism«, in: John A. Hall und Ian Charles Jarvie (Hg.), *Transition to Modernity. Essays on Power, Wealth and Belief*, Cambridge 1992.

Conor Cruise O'Brien, *God Land. Reflections on Religion and Nationalism*, Cambridge, Mass, 1988.

John Plamenatz, »Two types of nationalism«, in: Eugene Kamenka (Hg.), *Nationalism. The Nature and Evolution of an Idea*, London 1973.

Roman Szporluk, *Communism and Nationalism. Karl Marx versus Friedrich List*, New York 1988.

Bryan S. Turner, *Weber and Islam. A Critical Study*, London 1974.

Sami Zubaida, »Is there a Muslim society? Ernest Gellner's sociology of Islam«, in: *Economy and Society* 24, 1995, S. 151–181.

Die englische Originalausgabe erschien 1997
unter dem Titel »Nationalism«
bei Weidenfeld & Nicolson, London

Lizenzausgabe für die Büchergilde Gutenberg,
Frankfurt am Main und Wien,
mit freundlicher Genehmigung
des Wolf Jobst Siedler Verlags, Berlin

Autorenfoto: Ullstein – Camera Press Ltd.
Reihengestaltung: Klaus Detjen, Holm
Herstellung: Thomas Pradel, Frankfurt am Main
Satz: Dörlemann Satz, Lemförde
Druck und Bindung: Franz Spiegel Buch GmbH, Ulm
Printed in Germany 1999 · ISBN 3 7632 4974 5

Die englische Originalausgabe erschien 1997
unter dem Titel »Nationalism«
bei Weidenfeld & Nicolson, London

Lizenzausgabe für die Büchergilde Gutenberg,
Frankfurt am Main und Wien,
mit freundlicher Genehmigung
des Wolf Jobst Siedler Verlags, Berlin

Autorenfoto: Ullstein – Camera Press Ltd.
Reihengestaltung: Klaus Detjen, Holm
Herstellung: Thomas Pradel, Frankfurt am Main
Satz: Dörlemann Satz, Lemförde
Druck und Bindung: Franz Spiegel Buch GmbH, Ulm
Printed in Germany 1999 · ISBN 3 7632 4974 5